高等职业教育“十四五”规划教材

U0965014

农业科技文章写作

第3版

王海波　刘志宏　主编

中国农业大学出版社
·北京·

内容简介

本书供高等职业教育涉农专业高职高专、职业本科学生以及农业科技工作者使用。项目1和项目2，以写作任务为载体，系统学习农业科技文章写作基础理论、写作要求以及写作过程等知识；项目3至项目5，系统开展常用农业科技文章写作训练，包括常用科技应用文、农业科技报告、农业科技论文等写作训练，增加了教育部新版职业本科专业教学标准对毕业设计相关文体的写作训练；项目6，针对学生关心的毕业设计论文写作和答辩的流程、要求和技巧进行学习训练。

图书在版编目(CIP)数据

农业科技文章写作 / 王海波，刘志宏主编. -- 3版. 北京 : 中国农业大学出版社，2025. 7. -- ISBN 978-7-5655-3505-5

Ⅰ. H152.3

中国国家版本馆CIP数据核字第202512LR66号

书　名　农业科技文章写作
　　　　Nongye Keji Wenzhang Xiezuo

作　者　王海波　刘志宏　主编

策划编辑　贾梦婕　郭建鑫　　　　责任编辑　贾梦婕
封面设计　中通世奥图文设计中心
出版发行　中国农业大学出版社
社　址　北京市海淀区圆明园西路2号　　　邮政编码　100193
电　话　发行部 010-62733489，1190　　　读者服务部 010-62732336
　　　　编辑部 010-62732617，2618　　　出　版　部 010-62733440
网　址　http://www.caupress.cn　　　**E-mail** cbsszs@cau.edu.cn
经　销　新华书店
印　刷　天津鑫丰华印务有限公司
版　次　2025年8月第3版　2025年8月第1次印刷
规　格　185 mm×260 mm　16开本　11.25印张　275千字
定　价　34.00元

第3版编审人员

主　编　王海波　刘志宏

参　编　戴爱梅　饶晓娟

主　审　王福海

第 2 版编写人员

主　编　王海波

参　编　刘志宏　饶晓娟

第 3 版前言

农业科技文章写作是农业科技人员一项必备的基本素质。华罗庚曾说过，学理科的不学好语文，写出来的东西文理不通，枯燥无味，佶屈聱牙，让人难以看下去，这是不利于交流，不利于事业发展的。党的二十大报告指出："培养造就大批德才兼备的高素质人才，是国家和民族长远发展大计。"据新疆农业职业技术大学长期跟踪涉农专业毕业生职业生涯发展，调查分析用人单位反馈意见，发现毕业生写作能力不足的现象普遍存在，这种缺陷已经影响到毕业生岗位工作的开展和事业的发展。由此想起卢嘉锡说的一段话：培养科学工作者的老师们要教会年轻人学会表达。表达是很重要的，一个只会创造不会表达的人不能算是一个真正的合格的科学工作者。

本教材根据多年来毕业生职业生涯发展跟踪调查、用人单位意见反馈数据，结合毕业生工作岗位常用写作文体需求调研结果，遵循"实用、够用、管用"的原则，选择职业岗位使用频率高、反映工作能力的常用农业科技文体为教学项目。教学设计以完成写作任务为主线，按照各种文体的写作认知规律，将知识学习、写作要求与技巧、例文借鉴、AI 写作辅助、训练完成每项写作任务、评价反思等教学活动贯穿于教材，有利于学生逻辑思维和学习方法的训练。

本教材在《农业科技文章写作》第 2 版教学应用基础上，根据师生的使用意见，结合当前职业教育项目化教学改革"金课""金教材"建设，AI 写作工具深度应用，以及教育部最新专业教学标准对毕业设计的要求，进行了全方位改版。教材把写作基础理论学习应用与常用文体写作训练有机融合，设置 6 个教学项目，教学计划为 30～40 学时。教材项目 1、项目 2 由刘志宏编写，项目 3 由戴爱梅、饶晓娟编写，项目 4、项目 5、项目 6 由王海波编写。全书由王福海主审。

由于时间较紧，编者的写作水平有限，本教材的不足与不妥之处在所难免，殷切希望使用本教材的广大师生批评指正。

编　者

2025 年 3 月

第 2 版前言

农业科技文章写作能力是农业科技人员一项必备的基本素质。华罗庚曾说过，科技工作人员不学好语文，写出的东西文理不通，枯燥无味，佶屈聱牙，让人难以看下去，这是不利于交流，不利于科学事业的发展的。党的二十大报告指出："培养造就大批德才兼备的高素质人才，是国家和民族长远发展大计。"据新疆农业职业技术学院生物科技分院毕业生跟踪调查结果及用人单位反馈意见，对毕业生工作表现总结为"能干、能说、不能写"，可见毕业生写作能力不足是普遍存在的现象，这种缺陷已经影响到毕业生岗位工作的开展和事业的发展。由此想起卢嘉锡说的一段话："培养科学工作者的教师要教会年轻人学会表达。表达是很重要的。一个只会创造，不会表达的人，不能算是一个合格的科技工作者。"

本教材根据多年来对毕业生的跟踪调查、用人单位意见反馈，以及毕业生工作岗位写作能力需求调研结果，遵循"实用、够用、管用"的原则，以常用写作任务为导向，选择了在校学习、今后工作使用频率高、反映工作能力水平的写作项目作为教学训练的主要内容。教学方法采用了以写作任务情境导入，以完成写作任务为主线，按照各种文体写作认知规律，将相关知识、写作要求与技巧、例文借鉴、写作训练，直至完成写作任务等一系列学习活动串联形成一个完整的学习过程的方式，有利于学生逻辑思维和学习方法的训练。

本教材在《农业科技文章写作》第 1 版教材教学应用基础上，根据师生的使用意见进行了进一步的修改和完善。教材共分两大部分：第一部分为农业科技文章写作基础知识与要求以及写作过程；第二部分为常用农业科技文章写作训练，包括农业常用科技应用文、农业科技报告、农业科技论文写作训练等。同时对学生比较关心的毕业论文写作及答辩的相关流程及要求做了说明。教材第一章、第二章、第三章由刘志宏编写，第四章、第五章、第六章由王海波编写，第七章由饶晓娟编写。

由于时间较紧、编者的写作水平有限，本教材的不足与不妥之处在所难免，殷切希望使用本教材的广大师生批评指正。

编　者

2023 年 12 月

目 录

项目 1

农业科技文章写作基本知识和要求

项目导学

“写作是运用语言文字进行表达和交流的重要方式，是认识世界、认识自我、进行创造性表述的过程。写作能力是语文素养的综合体现”。在智能化、信息化、数据化的新时代，写作能力已成为每个人必备的底层技能。作为涉农专业的学生，在未来的工作中，我们将面临各种任务，需要通过写作来表达自己的思想、构想、经验、成果与反思等。正如卢嘉锡所言：“培养科学工作者的老师们要教会年轻人学会表达。表达是很重要的，一个只会创造不会表达的人不能算是一个真正的合格的科学工作者。”因此，拥有良好的文字表达能力将为未来的职业生涯插上腾飞的翅膀。

在未来的农业工作领域，我们可能会遇到调查报告、生产计划、技术方案设计、田间试验方案设计、工作总结、试验总结、生产技术规程制订、品种宣传介绍等写作任务。能够高效地完成农业科技文章写作任务，掌握农业科技文章写作的基本知识，尤为重要。

学习目标

知识目标

1. 准确描述农业科技文章的分类与特点；
2. 举例说明提高写作水平的基本途径；
3. 准确描述AI写作工具辅助写作的基本方法与相关政策；
4. 准确识别农业科技文章的文风、文律和语言要求。

技能目标

1. 能正确分析农业科技文章的类别与写作特点；
2. 能为自己拟定提升农业科技文章写作水平的训练方案；
3. 能正确使用人工智能手段辅助开展农业科技文章写作；
4. 能正确分析农业科技文章的写作文风、文律和语言的特点。

素质目标

1. 培养严谨的科学态度与独立的思考能力；
2. 增强网络伦理意识、学术规范意识、版权保护意识与社会责任感；
3. 正确使用人工智能手段提高写作效能。

知识图谱

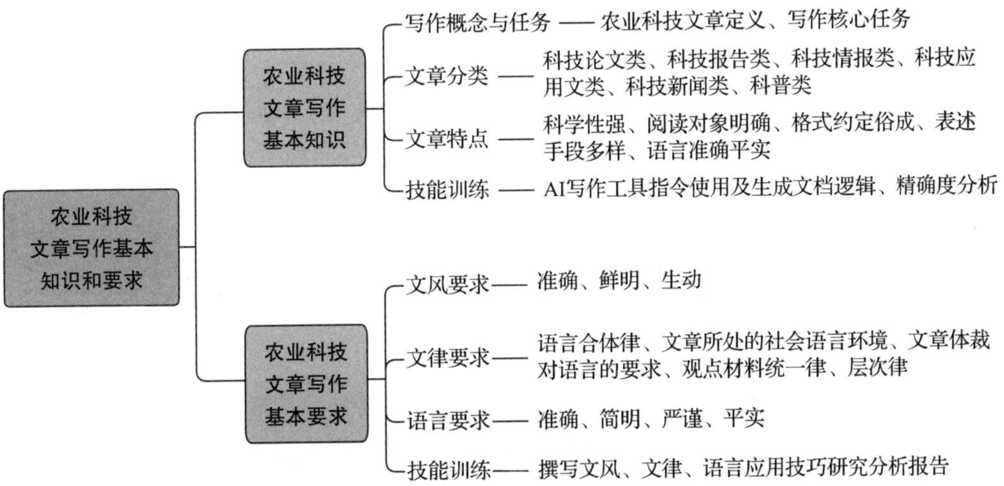

任务 1

农业科技文章写作基本知识

学习任务描述

通过对农业科技文章概念、工作任务，以及科技文章分类、写作的特点和提升写作水平的途径学习，初步掌握科技文章写作的目的和写作任务的知识逻辑，尝试编辑 AI 写作逻辑指令，生成一篇农业科技文章。

相关知识

一、农业科技文章写作的概念与任务

农业科技文章是以书面语言系统表述农业科技活动的载体。它不仅真实记录农业科学技术活动的全过程，还深入反映农业科技工作者在实践中的新观点、新发现、新技术、新物种，以及未来的新设想和新目标。作为写作科学的一个分支，农业科技文章写作主要研究其写作理论与方法，探讨农业科技事物的表述逻辑规律与技巧。凡是借助书面语言将农业科技活动记录在各类文稿中，以实现农业科技信息的生产、储存、交流和传播的社会活动，均属于农业科技文章写作的范畴。

农业科技文章写作的核心任务，在于及时将人们已经从事、正在从事和即将从事的农业科学技术活动，以规范的书面形式记录并传播，从而推动农业科学技术的进步与发展。

二、农业科技文章的分类

根据农业科技文章的内容性质、使用范畴和表述方法，可将其分为以下 6 大类：

（一）科技论文类

农业科技论文是以分析、表达农业科技基本理论或创新性研究成果为主的文章类型，包括学术论文和学位论文。其最大特点是理论性和创新性，通常用于展示科学研究的深度和广度。

（二）科技报告类

农业科技报告以记录农业科技工作的过程与成果为主，常见形式包括试验报告、考察调研

报告和技术总结报告等。其特点是注重事实和数据的客观呈现，具有较强的实用性和参考价值。

（三）科技情报类

农业科技情报以搜集、整理和分析农业科技信息为主要任务，包括题录、索引、摘要、动态、综述和述评等。这类文章通常用于传递最新科研动态和成果，帮助科研人员快速获取前沿信息。

（四）科技应用文类

农业科技应用文是处理农业科技事务的常用文体，包括试验方案、工作计划、工作总结、简报、合同(协议)、产品介绍、专利申请、科技成果申报书和鉴定书等。其特点是格式规范、语言简洁，具有较强的实用性和操作性。

（五）科技新闻类

农业科技新闻以传播农业科技领域的最新动态为主，包括消息、通讯、特写、人物专访和录音报道等。其特点是时效性强，注重新闻价值和传播效果，旨在向公众普及农业科技知识。

（六）科普类

农业科普文章以普及农业科学技术为主要目标，包括知识性科普作品、技术性科普作品、科普文学作品、科普广播稿和科普影视剧本等。其特点是语言通俗易懂，内容生动有趣，能够有效吸引公众关注并传播科学知识。

此外，部分学者将科技论文、科技报告和科技情报类统一归类为科技学术论文类。基于此，农业科技文章可简化为 4 大类：科技学术论文、科技应用文、科技新闻和科普文章。

三、农业科技文章的特点

农业科技文章的写作内容、写作目的和阅读对象具有其独特性。除了遵循一般文章的写作规律和原则外，农业科技文章在表述形式和手段上具有鲜明的特点。

（一）科学性强

科学性是农业科技文章的核心特征，也是其区别于其他类型文章的重要标志。尽管农业科技文章不可避免地受到社会政治环境的影响，但其核心内容始终聚焦于农业和农村领域的创新与改革。农业科技文章的生命力在于科学性，价值在于先进性，而科技论文则更强调独创性。

农业科技文章科学性强主要体现在以下方面：

(1)客观反映实践。立足于实际，客观记录和反映农业科学领域的实践活动。

(2)揭示客观规律。无论是阐述自然科学原理，还是介绍先进技术措施，其目标都是揭示事物发展的客观规律，为人类认识世界和改造世界提供科学依据。

(3)数据与事实支持。强调以数据和事实为基础，避免主观臆断，确保内容的真实性和可靠性。

（二）阅读对象明确

农业科技文章的阅读对象通常为农业科技工作者、农民科技示范户以及与农业科技相关的人员。其写作目的明确，或是报告科研成果，或是解决实际问题，因此具有特定的专业范围和目标读者。

阅读对象可分为以下 3 类：

(1)同行与专家。包括本学科、本专业的科研人员和相关领域的专家。

(2)主管部门领导。涉及政策制定、项目管理等决策层。

(3)农民与普通群众。包括科技示范户和需要通过科普文章获取知识的普通群众。

明确阅读对象并了解其需求，是农业科技文章写作成功的关键因素之一。

（三）格式约定俗成

在长期的实践中，许多农业科技文章已形成了约定俗成的写作格式，如科技论文、科技报告、科技情报和科技应用文等。随着国际化和标准化的发展，这些文章的格式正逐渐趋于统一和规范。

例如，国际标准化组织(ISO)制定了一系列关于科技文献和情报工作的国际标准。我国也出台了相关国家标准，如《学位论文编写规则》(GB/T 7713.1—2006)、《学术论文编写规则》(GB/T 7713.2—2022)和《科技报告编写规则》(GB/T 7713.3—2014)，这些标准对科技文稿的写作格式、名词术语、缩写、符号和计量单位等进行了规范。

（四）表述手段多样

农业科技文章的表述形式不仅限于文字，还可以借助图表、照片、公式、符号等多种手段生动直观地呈现内容。这种多模态的表达方式，能够更清晰地传递复杂的信息，是一般文章所不具备的优势。

此外，农业科技文章在结构上注重逻辑性和条理性，善于根据客观事物的特点合理安排层次结构。无论是从表及里、从总到分，还是从因到果，都力求做到层次清晰、主次分明、详略得当。

（五）语言准确平实

农业科技文章的语言要求准确、严谨，避免因用词不当而产生歧义。特别是在描述概念和数据时，必须做到精确无误。有时甚至需要在小数点后保留多位数值以确保准确性。

与文学作品不同，农业科技文章不追求形象性和典型性，因此不宜使用夸张、虚构、反语等修辞手法。其语言风格以言简意赅、平白如话、质朴平实为特点，力求直接、清晰地表达科学内容。

文学作品：

> 田野里，绿一块，黄一片，宛如一幅五彩斑斓的画卷。翠绿的玉米整齐排列，金黄的谷子谦逊地低着头，洁白的棉花在风中摇曳，仿佛在向人们问好。如此美景，即使是画家的妙笔也难以描绘。

科技文章：

> 幸福村东条田总面积 1 200 亩($1\ hm^2=15$ 亩)，种植结构为玉米 600 亩、谷子 300 亩、棉花 300 亩。目前，玉米处于灌浆期，谷子进入蜡熟期，棉花开始吐絮，三类作物长势良好。

四、提高农业科技文章写作水平的基本途径

（一）熟悉本职业务

一篇农业科技文章的核心价值在于其所承载的农业科技信息。只有亲身参与农业科研实践，积累丰富的专业知识与技能，掌握具有创造性和先进性的农业科技材料，才能写出具有实际价值的文章。因此，投身于农业科技创新实践，了解本专业的学术动态与发展趋势，熟悉本职业务，是提升农业科技文章写作水平的基础。

（二）学习写作理论

学习写作理论，要从两个方面入手：一是掌握基础写作理论，二是深入学习农业科技写作理论。

加强基础写作理论的学习，对于还没有打下坚实写作基础的农业科技工作者来说尤为重要。难以想象，一个错别字连篇、文理不通的人，能写出像样的科技论文或研究报告来。对于这些人来讲，系统地学习基础写作、基础语法、修辞、形式逻辑，甚至古典文学、现代文学等是很重要的。只有打下了坚实的文学基础，提高了遣词造句、谋篇布局乃至行文格式等方面的基础写作水平，才能进一步提高农业科技写作水平。

有了较强的基础写作能力，并不一定能够写好农业科技文章。因为，农业科技文章有很多不同于一般文章的写作特点和要求，经过了一般文章写作训练，而不了解农业科技文章写作规律的人，仍然写不好农业科技文章。要写出高质量的农业科技文章，必须学习农业科技文章的写作理论，并加强写作实践，只有了解了农业科技文章的写作思维、选题、结构、语言、表达方式、文风文律、格式等特点和要求，并接受农业科技文章写作训练，才能写出较高水平的农业科技文章。这是因为，农业科技写作发展到今天，经过无数科技写作者的研究总结，形成了相对完整的写作理论，很多文体的写作程式已被大家共同遵从。学习这些知识，就可以少走弯路，及早入门，事半功倍。

（三）注重综合修养

农业科技文章写作水平的高低，是一个人多种知识储备、多方面修养和各种能力的综合反映。提高写作水平不仅需要过硬的业务知识和写作技巧，还需要广泛涉猎相关学科知识。这是因为，农业科技文章写作是多学科相互渗透交叉的领域，它以农业科学领域为载体，涉及逻辑学、方法论、自然辩证法、情报学，甚至与组织行为学、心理学等发生密切联系，是一项综合性很强的社会实践活动。因此，要提高农业科技文章写作水平，就要在加强业务学习和写作训练的同时，还要注重提高自己掌握信息的能力、逻辑思维能力、社会活动能力、组织管理能力、演讲社交能力等综合素质，这些都有助于提高农业科技文章的写作水平。

（四）加强写作实践

写作水平的提升离不开实践。具体可以从以下 3 个方面着手：

1. 多读

古人说：“劳于读书，逸于作文。”欲提高农业科技文章的写作水平，首先要多读书，除博览群书外，尤其要多读农业科技文章的优秀作品，边读边领会其如何确立主题，如何选择表达角

度，如何选择材料，如何安排结构，如何使用表格等。必要时，多找一些范文，进行比较分析，从中受到启迪。

2. 多写

写作是一项实践性很强的活动，唯有经过实践，才能掌握写作理论，提高自己的写作能力。“唱戏的曲不离口，练武的拳不离手”，讲的就是多练。同样的道理，要提高农业科技写作水平，也必须多写勤练。只有多写，才能真正领会和运用农业科技写作理论和他人的写作经验；只有多写，才能发现写作中的问题，发现问题并加以改正，就意味着进步；只有多写，才能由生到熟，进而生巧。

3. 多改

修改出佳作，这是重要的文章写作之道。由于农业科技文章对科学性、逻辑性、表达技巧等方面的要求比一般文章要高，写起来难度较大，故初稿往往比较粗糙是很正常的，这就使得修改显得非常重要。何况，即使是有经验的作者，初稿也往往是不完美的，只有经过反复地修改，才能使之成为佳品。因此，每写完一篇农业科技文章，都要进行认真的修改，大胆地增、删、调、换和细致地修饰、润色等，并虚心请教别人，吸取各方面合理的修改意见。多读多写，加上认真地修改，就必然会提高农业科技文章的写作水平。

（五）利用 AI 写作工具

随着人工智能技术的快速发展，AI 写作工具已成为提升农业科技文章写作效率和质量的重要辅助手段。特别是在中国科技创新背景下，国产 AI 工具的崛起为农业科技工作者提供了更多本土化、专业化的应用场景和功能选择。

1. 语言优化与校对

在撰写农业科技文章时，利用 DeepSeek 写作助手、Grammarly 进行实时校对，能够快速发现并修正语法错误、句式问题，优化语言表达，确保文章语言简洁、准确且符合学术规范。

2. 文献搜集与整理

可以利用 DeepSeek 学术、EndNote、Zotero 等文献管理工具快速检索、筛选和整理相关文献，帮助作者高效获取研究资料，精准定位国内外最新研究成果，节省文献检索时间，确保研究内容的科学性和前沿性。

3. 数据分析与可视化

可以通过 Python、Tableau、DeepSeek 数据处理模块，处理实验数据并生成直观的图表，增强文章的科学性和可读性。

4. 智能推荐与内容优化

利用 DeepSeek 写作助手为文章提供内容建议、优化表达、补充相关知识点，帮助完善文章逻辑和结构。

5. 格式规范与排版

使用 DeepSeek 排版助手自动调整文章格式，确保符合国际或国家标准。

6. 多语言翻译与润色

利用 DeepSeek 翻译工具进行中英互译，确保翻译内容准确、专业，提升文章的国际化水平。

7. 智能问答与知识补充

在撰写农业科技文章时，通过 DeepSeek 问答工具快速获取专业知识或技术背景，丰富文章内容。

虽然AI写作工具能够显著提高写作效率和质量，但作者仍需注意以下几点：首先，AI写作工具只是辅助手段，文章的价值在于通过逻辑分析进行知识创新，关键在于作者独立思考；其次，AI生成的内容可能存在误差，需要作者自己审核和验证，确保其科学性和准确性；最后，使用AI工具时，应遵守学术规范和版权政策，避免抄袭或不当引用。

任务实施

以面向种植户开展农作物新品种推广为目的，撰写一篇新品种简介，或以个人感兴趣的内容，自拟一篇农业科技文章为写作任务。首先，向DeepSeek提问如何面向特殊受众，达到什么目的，突出哪些优势、特点功能，编写农业科技文章生产指令，然后通过不断尝试修改完善指令，生成文章。其次，分析不同指令下文章科学性和准确度的差异，写一份AI写作农业科技文章质量分析报告。

任务评价标准

同桌之间相互审阅生成的文章和AI写作农业科技文章质量分析报告，评价标准：

(1)生成指令逻辑合理性、参数准确性(20%)；

(2)生成文章的科学性和准确度(30%)；

(3)质量分析报告对AI写作工具只是辅助手段、知识创新本质和知识伦理与版权的认识程度(50%)。

知识训练

一、思考题

思考题参考答案

1. 农业科技文章的科学性体现在哪些方面？如何确保文章的内容真实、可靠？

2. 农业科技文章的阅读对象主要包括哪些群体？如何根据不同对象调整文章的写作风格和内容重点？

3. 农业科技文章的写作格式有哪些约定俗成的规范？国际标准化组织(ISO)和我国国家标准对农业科技文章写作有何影响？

4. 在农业科技文章的写作中，如何有效利用数据、图表、公式等多种表述手段来增强文章的科学性和可读性？

5. AI写作工具在农业科技文章写作中有哪些具体应用？如何在使用AI工具的同时确保文章的独立性和科学性？

二、填空题

1. 农业科技文章的核心任务是及时将农业科学技术活动以规范的书面形式记录并传

播，从而推动农业科学技术的________。

2. 农业科技论文的最大特点是________和________，通常用于展示科学研究的深度和广度。

3. 农业科技报告注重事实和数据的________，具有较强的实用性和参考价值。

4. 农业科技情报的主要任务包括________、________和分析农业科技信息。

5. 农业科技应用文的特点是格式________、语言简洁，具有较强的________和操作性。

6. 农业科技新闻的特点是________强，注重新闻价值和传播效果。

填空题参考答案

7. 农业科普文章的语言要求________，内容生动有趣，能够有效吸引公众关注。

8. 农业科技文章的表述形式不仅限于文字，还可以借助________、照片、公式、符号等多种手段。

9. 农业科技文章的语言要求________，避免因用词不当而产生歧义。

三、拓展作业

1. 选择一篇农业科技文章（如科技论文、科技报告或科普文章等），分析其写作特点、结构和语言风格，并撰写一篇 500 字左右的评析报告。报告需包括以下内容：文章的主题和核心内容；文章的结构安排和逻辑层次；文章的语言特点和表达手段；文章的优缺点及改进建议。

2. 结合 AI 写作工具（如 DeepSeek 等），撰写一篇关于农作物新品种的简介文章。文章需包括以下部分：引言（研发背景与意义）；品种特性（生育期、产量、抗病性等）；技术优势（创新点与优势）；种植技术要点（播种时间、施肥方法等）；推广价值（经济效益与社会效益）。完成后，请对比 AI 生成内容与自己撰写的内容，分析 AI 工具的辅助作用及其局限性。

任务 2

农业科技文章写作基本要求

学习任务描述

农业科技文章各种分类针对不同的阅读对象和使用范畴，其“文风”“文律”和“语言”各不相同。通过对提供的不同分类的科技文章写作特点分析，初步掌握不同分类和用途的科技文章写作的基本要求。

相关知识

一、文风要求

所谓文风，是指在“一定历史时期中，在一定思想意识支配下产生和形成的，具有一定社会广度的、对社会沿革和人的思想意识有着一定影响的、从文章内容和形式的密切结合上体现出来的现象。归纳起来就是，文风是人们的思想作风在文章中的表现。”农业科技文章应当用马克思主义的辩证唯物主义和历史唯物主义观点，实事求是地反映人们所从事的农业科学技术活动，体现出优良的文风。文风具体表现在农业科技文章的形式上和内容中，要想体现出良好的文风，就要下功夫使文章的内容和形式达到尽可能的完美统一。

（一）准确

农业科技文章的重要特征之一，就是要准确地揭示农业科技领域客观事物的本质。对事物的表述不仅要定性准确，还要定量准确，具体表现在以下几个方面：

1. 立意正确、新颖

确立文章主题，必须以真实、可靠的材料为基础，尊重客观实际，正确表达。如某地区施用一种微量元素肥料后，小麦是增产了还是没有增产，若是增产了，显著与否等，都必须以试验数据为依据，正确表述，不能主观臆断，人云亦云，更不能看上级意图行事。真实、可靠的材料表现为，农业科技文章必须真实地反映客观事物，文章中的每个数据、每个表格、每个图形等都必须真实，不允许有半点虚假。如农业试验总结报告，必须如实地写出试验的具体地点、试验地的条件、试验的处理组合、试验方法、观察内容、试验结果以及根据试验结果得出的结论等。真实还表现在反映客观事物时必须全面、完整，不以偏概全，不把一些支离破碎的偶然现象当成普遍存在的客观规律，选用的材料和导出的数据、结论必须具有代表性。假是真的反面，是与客观事物相悖的东西。农业科技文章必须真实，不能移花接木，添枝加叶，任意拔高。不能把农业科技文章当作文学作品去写，稍有虚伪和夸张，必将失去农业科技文章应有的真实。

确立文章主题，必须面向现代农业技术领域的新标准、新技术、新工艺、新方法，立意新颖有新意。农业科技领域的事物是千姿百态且极富变化的。社会实践活动的广泛性必然会给人们提出大量的研究课题，促使人们去调查、分析、研究。经过调查与研究之后必然获得丰富的成果，这就给农业科技工作者提供了取之不尽的写作源泉。只有深入研究或调查农业科技领域中出现的新问题、新现象，才能够写出大量有新意的文章。

2. 材料精确、翔实

文章中的观点是否站得住脚，决定因素之一在于所用材料的多少和真实精确程度的高低。一篇文章水平的高低，很大程度上取决于是否选用了大量精确、可靠的材料。如一篇关于小麦品种比较试验的文章，要说明每个参试品种的丰产性和适应性，没有3个以上试验单位经过2～3年区域试验后获得的精确、可靠的试验结果，文章即使写得再长，也很难对参试品种做出客观、全面的评价。

文章中的观点还需要翔实的材料加以论证，农业科技文章必须言之有物，内容充实。农业科技文章要对事物的前因后果和来龙去脉做认真的交代。明确地提出问题，具体地分析问题，合理地解决问题，让事实说话，用道理服人。

翔实的反面是空。那种空话连篇，言之无物，水分极大，读了半天仍不知所云的文章；那种无实事求是之意，仅有哗众取宠之心，1 000 字足够，非要写成 5 000 字有余的文章，只能空耗作者和读者的时间，实际上等于谋财害命。

3. **表达准确、精当**

正确的观点，精确、翔实的材料，还必须用准确的语言来表达。农业科技文章必须做到概念准确、修辞得当、推理严谨、概括全面。例如，在表述玉米品种比较试验结果时，不仅要说明甲品种与乙品种相比是否增产，还要说明增产多少、增产是否显著，适合在哪些区域种植等。

虽然某些农业科技文章对篇幅长短有一定的限制，如简报一般以 1 000 字为宜，论文的摘要一般为正文长度的 3%～5%等，但更多的农业科技文章还是可长可短的。由于农业科技文章体裁多样，内容丰富，很难规定一篇文章的长短。实践表明，同一体裁的文章，短的有精篇，长的有佳作，关键问题看是否精当，是否做到当有者尽有，当无者皆无，农业科技文章应力求做到要言不烦，言简意赅，文约而事丰，用尽可能少的语言，承载尽可能多的信息。精并不等于短，长与精也并不矛盾。判断文章是否精当，关键在于文章内容是否充实，语句是否简练。人们不会排斥主题正确、内容充实的长文章，但更喜欢立意深刻、材料翔实的短文章。

（二）鲜明

农业科技文章应该旗帜鲜明，观点明确，不隐是非曲直，不藏态度观点，拥护什么，反对什么，都清清楚楚。例如，在论述如何争取小麦有较多的结实粒数问题时，就有几个鲜明的学术观点，×××农业大学在对当地冬小麦多个主栽品种进行研究的基础上认为："…… 以上分析看出，提高穗粒数的途径，不是主要靠增加每穗小穗数及增加小花数，而主要是在一定小穗小花基础上，防止小穗小花的退化，最大限度地提高小穗小花的结实率……"而××× 农业大学的观点则是："每穗结实粒数的多寡主要取决于每穗总小花数和结实小穗数，相关极显著。r 分别为 0.975 和 0.985，每穗结实粒数与每穗小穗数也存在正相关…… 说明必须在促进小穗数多的基础上促使小穗发育良好，提高小穗结实率，方能达到增加每穗花数、粒数的目的。"

农业科学、技术研究受自然生态条件的影响很大，生态条件不同，即使是同一试验内容也会产生不同的试验结果。作为反映农业科学领域内客观事物的农业科技文章，必须以客观试验数据为依据，旗帜鲜明地写出自己的观点。只有这样才能形成百花齐放、百家争鸣的局面，才能促使人们正确认识客观事物。

（三）生动

1. **形式新颖**

农业科技论文和其他许多应用文虽有一定的格式，但这种格式只是大致框架而已。在同一格式中，可以有多种多样的写作形式。不拘一格的叙述形式，各有不同的论证方法构成了农业科技文章形式上的千变万化。力求形式新颖，并不是要求矫揉造作，而是为了充分表现文章的主题。

2. **语言质朴**

朴实无华是农业科技文章在反映形式上的另一特点。作为记录、储存、传递农业科技信息的农业科技文章应该用平白的语言。质朴的语言是最有表现力的。

3. **描述流畅**

一些农业科技文章之所以效果佳、影响大、广为流传，固然与其科学价值有关，但写得生动、富有文采也是重要的原因之一。如×××省小麦高稳低协作组写的题为《小麦高稳低的生产模式》的文章，仅5 000余字，就把×××省多学科、多单位、多年来进行的小麦高稳低协作攻关情况做了科学总结，把开展小麦协作攻关的意义、组织方式、研究方法、研究成果都做了恰到好处的总结，尤其是对小麦生产模式做了全面、透彻的描述。这篇文章读起来生动流畅，朗朗上口。

文风三因素既有不同的含义，又互相联系。准确是鲜明、生动的前提，同时，又靠鲜明和生动来表述。不准确，鲜明和生动就无从谈起；不鲜明、不生动，又必然使文章黯淡无光。只有准确、鲜明、生动三者有机地结合在一起，才能客观、全面、形象地揭示农业科学领域客观事物的内在联系，充分发挥农业科技文章记录、储存和交流农业科技信息的作用。

二、文律要求

律者，法则、规章也。在此结合农业科技文章的写作特点，介绍我国语言学家张寿康教授提出的文章三律。

（一）语言合体律

准确、鲜明、简洁、通俗、生动是对农业科技文章语言的一般要求。除此之外，还要求语言必须合体。此有两层含义：其一，文章体裁不同，对语言的约束力不同。在专家、教授参加的学术讨论会上的论文，语言就应学术性、专业性强，言简意赅，词精意深，必要时辅以图、表、公式、符号或外文等表示。而为农民写的科普广播稿等则应深入浅出，简明通俗。其二，文章所处的社会语言环境不同，文章语言也有所区别。文章是交际的工具，它必然带有一定的社会性，要达到交际的目的，就要考虑文章与读者的关系，明确作者在社会关系中的位置。是写给上级的，还是写给下级的？是写给教授的，还是写给县长的？是写给畜牧师的，还是写给养殖专业户的？等等。不同读者对文章专业知识的熟悉程度是不同的，语言接受能力也有很大差异，文章语言是否合乎阅读对象的胃口，直接关系到文章的表述效果。

1. **作者所处的社会位置**

作者在社会关系中所处的位置，决定了文章语言的特点。从下面3篇例文中可以看出这个问题。这3篇例文是某县科委某助理农艺师李明就一科研协作项目分别写给下级参试单位、同级协作单位和项目主持人员的通知、技术公函和请示。

通知

关于×××问题的补充通知

×××乡农技站小王：

今就县科委安排在你乡的有关克螨特防治棉花红蜘蛛试验的问题做以下补充通知。(1)试验用药一定是×××农药厂生产的。(2)供试棉花品种必须是新陆早82号，试验地必须选在三工村，地力要均匀，地势应平坦。(3)棉花种植时间定在4月22—25日。(4)4月10日前务必把试验的安排情况报县科委。此外，执行试验方案过程中遇到什么问题，可随时来找我帮你解决。

敬礼！

×××县科委　李明
2025年2月2日

技术公函

×××县科委王武农艺师：您好！

我县在执行省科委下达的关于克螨特防治棉花红蜘蛛试验方案过程中，遇到了一些问题，不知贵县能否帮忙：(1)缺少×××厂生产的噻虫嗪农药20kg。(2)我县现有的供试棉花种子发芽率太低，需要调拨新陆早82号400 kg。(3)技术指导材料缺50份。这三样东西不知贵县科委尚有否？若有，能否给我县调剂一下。劳驾您在繁忙中回信告知上述情况。给您添麻烦了，谢谢！

敬礼！

×××县科委　李明
2025年2月2日

请示

李老：您好！

拜读来函，受益匪浅，您对我县棉花红蜘蛛防治工作的见解真是句句入理。我已把您的意见写入我县今年的试验方案，今寄来方案草稿，烦您一读，恳请指正。我县定于3月31日开始，举办为期1天的防治棉花红蜘蛛技术培训班，想请您前来讲课，不知能来否？若能满足我们的愿望，2月28日下午我将带车到学校接您。此外，我县试验品种发芽率较低，数量也少，可否用其他品种代替。敬请赐教。

祝您身体健康，工作顺利。

×××县科委　李明
2025年2月2日

从以上三函中可以看到，作者所处的位置不同，信中的语言差别很大。第一封通知是写给下级参试单位的，对象是乡农技站的年轻技术员，称“小王”显得自然。通知的内容是要求对方必须照着做的，故语言相当肯定，且有一定的“指令”味道，用了“一定”“必须”“务必”一类的词汇，合乎上级对下级布置工作的社会语言环境。信中写的“遇到什么问题，可随时来找我帮你解决”，不仅反映出写信人有学识，更重要的是对工作负责。第二封技术公函是写给同级同行，请人帮忙的，用了“劳驾”“贵县”“能否”等谦辞。谦辞是出于工作和礼貌的需要。反之，若写成“你们必须给予帮助”等，触怒对方事小，耽误工作事大。第三封请示是写给某农业大学老教授的，该教授又是棉花红蜘蛛防治专家，信中用“拜读”“恳请指正”“敬请赐教”等词语，合乎对长者敬称的要求。三函依据社会关系中所处的位置，采用正确的文章语言，做到了对下级指令清晰有爱、对同行协商谦逊友好、对年长专家敬重谦逊，恰如其分体现了良好的做人品格。

农业科技文章中的语言要合乎作者所处的社会位置，否则，轻者闹笑话，重者耽误工作。如有一个年轻的农业科技工作者写了一篇遗传育种方面的论文，请某大学的一位教授给审阅，寄论文的同时，还给教授写了一封信，信中有这样一句，“你务必解答我的问题，切切”。这位教授看了很不高兴。让我给你解答问题怎么能要求“务必”呢？尤其是“切切”，更令教授不快。这“切切”是什么意思呢？是过去官人命令百姓的话，旧社会县太爷出示告示，最后一句就用“切切此令”，而一个小青年怎么能对老教授发号施令呢？

写作农业科技文章，尤其是写作科技公文、技术公函等，要认真研究作者所处的社会位置，分清作者与读者之间的上级与下级、年长与年少、同行与非同行之间的关系。

2. 文章所处的社会语言环境

农业科技文章都是写给特定的读者看的，这些特定的读者环境就是农业科技文章的特殊语言环境。由于读者的专业知识水平和语言接受能力差别很大，就要认真考虑社会语言环境对文章语言的约束作用。但令人遗憾的是，不少农业科技文章的作者忽视了这个问题，他们或在学术性很强的论文、技术总结等文章中大写基础知识，或在科普性很强的文章中，如科普广播稿、生产技术规程、品种介绍等文章中，滥用专业公式、符号、术语等。这势必会严重地影响文章的表述和传播效果。

大多数农业科技文章是通过期刊发表的，由于不同期刊的阅读对象不同，文章语言的要求也有很大差别。研究不同期刊对其文稿语言的要求，对处理好文章与读者的关系有重要作用。例如，《作物学报》是由中国农业科学院主办的综合性、学术性很强的刊物，它的阅读对象主要是国内外农业科技工作者和农业院校的师生等。它主要刊登我国农作物科学的基础理论和应用技术研究方面的学术论文、重要科研成果的专题报告、各学科研究新进展的综述等。由于它的读者主要是专业农业科技工作者，使其文章语言的学术性、专业性很强，对一些专业术语、公式、符号、外文代号等往往不加任何解释直接使用，这不仅使叙述、论证准确，还显得简练，更便于交流。而《农村科技》中的文章语言与此就有很大差别，因为它是为农民所办的科普月刊，具有强烈的普及性、实用性、生产性和知识性。它重在普及科普知识，为农民了解作物新品种、新技术、市场信息以及日常生活知识提供帮助。因此，刊中文章语言很朴实、浅显、明了，甚至还有一些乡间俗语等。

3. 文章体裁对语言的要求

农业科技文章的种类很多，不同体裁的农业科技文章，要求有不同的语言。一般来说，科普文艺(如科学诗、科学小品、寓言等)的语言比较自由活泼，而科学论文、调查报告、文献综述、实验报告等文章的语言则要求真实、准确、严谨。否则，就显得不得体。如某大学生写的一篇调查报告，该调查报告正文的大意是落实党的富民政策后，农村发生了很大变化，文章这样开头：

> 深秋十月，稻香千里，2024 年 10 月 4 日，我们一路欢歌，驾着理想的小舟，来到了米东区三道坝镇。
>
> 啊！爽意的秋风吹得我们心花怒放，香气扑鼻的月季花沁人心脾，那常绿的垂柳真使人心旷神怡……

这里且不论米东区三道坝镇是否“稻香千里”，能否驾驭“小舟”，月季花香是否扑鼻，有没有常青的垂柳等，仅看其文章语言就可以说，此文严重有悖于农业科技调查报告应有的严肃、真实、朴素的语言特点。

再看这样一篇调查报告的开头：

> 2025年5月23日至6月2日，新疆农业职业技术大学齐××、陈××老师，与昌吉州农业科技开发中心的魏××、董××、黎×××三位同志应昌吉国家农业科技园区高新农业发展局的邀请，同高新农业发展局的相关同志一起对老龙河区域棉花苗期病虫害进行了调查，共调查60块条田、1 200亩棉田，根据现场调查及数据分析，对该区域棉花苗期病虫害有了初步的认识……

显然，第二篇调查报告的语言朴实、严肃，合乎农业科技文章对语言的要求。

（二）观点材料统一律

一篇农业科技文章，无论体裁如何和篇幅长短，都要表述一个主题。要把文章主题表述得深刻透彻、恰到好处，必须对材料进行科学的处理，使观点、材料达到尽可能的完美统一。

1. 观点统帅材料

材料的选择必须服务于文章主题的表述，在大量材料中选择最具有说明主题观点的材料进行科学处理，使主题和观点更加鲜明。主题和观点靠材料来表现，文章能否深刻地揭示主题和观点，关键因素之一就要看有没有大量的、时新的、真实的、典型的材料。

2. 观点和材料关系密切

第一，材料应与观点有关，这个问题看似简单，但处理不当，也会影响文章全篇的统一性。例如，某同志写了一篇《×××县苹果水肥一体配方施肥技术总结》，在这篇总结中有“配方施肥的经济效益分析”一段，在这一段中，有水肥一体配方施肥的苹果亩投资、亩产值、亩纯收入以及将其与没实行水肥一体配方施肥的苹果进行比较等内容。显然这些内容是应该写的。但是，此段还有配方施肥苹果的挂果规律、不同时期的叶面积系数、口感品质等。很明显，后面这些内容是多余的。还有一位同志写了题为《近几年北疆春季气候变化对棉花播期的影响》的论文。文中有这么两段内容：“三、滴灌对棉花播期的影响”“四、滴灌对棉花出苗的影响”。很显然，这两段内容与文章的观点无关。

第二，材料与观点关系密切。写文章不仅要求所用材料与文章的观点有关，而且关系还必须密切。假若，×××省的小麦工作者为本省某刊物撰文介绍小麦如何科学施用钾肥，文中就要尽可能地选用本省的而不是外省的试验材料，因为本省的试验材料与文章观点更加密切。同理，若题为《不同农药对棉铃虫防治效果》的文章，作者如果不去选用当今大面积使用的新型农药防治棉铃虫的试验结果材料，而选用20世纪90年代或两三年前的材料，其结果，轻则降低文章的水平，重则可能完全丧失文章的价值。

3. 材料足以支持观点

材料足以支持观点，就是常说的充足理由律。或立或破的农业科技文章，都必须有充足的论据，唯有此，才能使读者接受文章中的观点。道理虽然如此，然而并非人人都能做到这一点。某同志写的一篇介绍小麦新品种的文章，其材料就不足以支持观点。该文章的题目是《玉米新品种郑单958可在新疆大面积推广种植》。文中写道：

> 玉米新品种郑单958之所以可在新疆大面积推广种植，其根据有4个，(1)该品种是新疆农科院新引进的优良品种，在农科院安宁渠试验站种植18亩，亩产达850 kg。(2)昌吉市六工镇和三坪农场于2017年已经试种成功，共6亩，平均单产820 kg。(3)该

品种株高 230～235 cm，千粒重 148 g。(4)该品种抗病性强，成穗率高。鉴于玉米新品种郑单 958 具有上述优点，新疆各县可以大面积推广种植。

显而易见，文中理由太少，不能以上述仅有的理由号召新疆推广种植该玉米品种。因为，一个玉米品种可否大面积推广种植，要参加 3 年以上的玉米品种区域试验，且产量显著地高于对照品种，此其一。其二，文中提到的试验地点均在新疆北疆地区，这样的试验结果，说明不了该品种在新疆南疆的表现。其三，植株高 230～235 cm 的玉米品种不一定适宜在肥力水平低的水浇地种植，等等。

4. 材料并非越多越好

说到材料足以支持观点，是否就是说明材料越多越好呢？答案是否定的。只要把观点表达透彻就行了，并非多多益善。请看下面一个例子。

有人为《××农业科技》撰写一篇《棉花新陆早 80 号生育规律及栽培措施》的文章，文章字数不到 6 000 字。计划分为两部分写：一部分写生长规律，另一部分写栽培措施，其中栽培措施占 3 000 余字。而遗憾的是，作者在栽培措施部分，仅“播前准备”一节就写了 2 800 余字，在这一节中他不仅分析了该地块土壤类型、养分含量，还详细叙述了整地的具体措施及方法、种子的播前处理等，并且在写上述每一个问题时，不仅列举当地的试验结果，还旁引甘肃、河北、陕西的例子。材料可谓多矣，但过头了，试想，3 000 余字的栽培措施，仅此就占 2 800 余字，其他措施还怎么写？

（三）层次律

农业科技文章突出特点之一，就是用平白的语言去直述其理。它不以曲折离奇、波澜起伏的情节去感人至深，而以逻辑性强、线条分明的客观叙述去揭示事物的内在联系。要做到这一点，应该注意两个问题。

1. 层次

这里讲的是层次，实际上就是指作者的思想顺序。一篇农业科技文章，尤其是论文、试验报告、工作总结等文章，要写的内容较多，这就要求把内容有机地组织起来，将文章内容排队，分出先后。如果要写一篇《×××棉花品种在新疆生长发育规律的研究》的论文，这篇文章的节(段)顺序一般是：引言；一、材料和方法；二、结果与分析；三、讨论；四、致谢；五、参考文献。在“二”中应依次写下列内容：生育时期、茎叶片生长特点、花铃分化特点、吐絮特点等。这样的写作顺序已约定俗成，不仅便于客观叙述，也便于进行学术交流。反之，把其中的一些顺序给颠倒一下，先写花铃分化的特点，然后再写茎节的生长和叶片的生长特点等，不仅写起来别扭，更主要的是与客观生长顺序相悖。因为棉花生育的顺序是先叶、枝、节等营养生长，后花、桃等生殖生长。

当然，文章的层次不仅是节(段)间的层次，还有段落层次(即每段中各意群之间的层次)、句子层次(一个意群中句子的先后顺序)，以及词语层次(句子中各词的顺序)等。一篇高水平的农业科技文章，不仅要主题科学，文风准确、鲜明、生动，还要层次分明，各节段、语段、词语等层次高度完美统一。

2. 衔接

一篇农业科技文章，尤其是篇幅较长的农业科技文章，要分几个部分，每个部分又要分几个段，各段又要分几个意群、语段组成等。分析高质量的农业科技文章就不难发现，这些大大小小的段落或层次都有着有机的联系，它们不是机械地拼凑，而是通过严格的逻辑顺序，通过或承上或启下，或转折等句子或词语把内容衔接得浑然一体。

例如，一篇题为“对几个小麦新品种丰产性、适应性的统计分析”的文章，它的各层次是这样衔接的：文章开头部分，在谈了对几个小麦新品种进行多年多点试验种植的目的、意义和试验方法后，紧接着写道：“试验及其统计结果总结如下。”这句话引出了文中以下各段。在“一、结果与分析”一节中，“（一）”的开头这样写道：“先看各地 2023—2024 年的产量结果…… ”“（二）”的末尾写道：“方差分析的结果表明：品种间、品种与地点间、品种与年份间均有极显著的差异，有必要对其进行多重比较。”“（三）”的开头写道：“经过计算求出了各参试品种的主要统计数……”“经过上述分析，我们对参试品种有如下认识…… ”等。这些句子在文章中起到了很好的衔接作用。

把文章各层次有机地衔接起来，是文章写作的基本功。文章写作之前，要考虑怎样使文章的层次有序，衔接紧凑。文章写成之后，还要细心阅读，看其是否脉络清晰，线条分明，文气贯通。一盘散沙，或拼版式的文章，很难深刻地表达主题。

三、语言要求

由于农业科技文章是以专业农业科技工作者为主要阅读对象，以传播交流农业科技信息为目的，这就决定了文章的语言必须准确、简明、严谨、平实。

（一）准确

1. 要定性正确

2024 年某市 15 个县中 8 个县小麦增产，就不能说“十几个县的小麦产量增加了”；某玉米品种不抗大斑病，就不能说该品种抗大斑病性很好；水稻播期与分蘖成穗率呈正相关关系，就不能说成呈负相关关系；等等。

2. 要定量精确

描述事物时要精确入微，严格遵循技术要求。因为数量上的微小差别往往会导致性质上的根本变化，例如，甲、乙两因子之间的相关系数为 0.889 4，相关不显著，如果把 0.8 以后的数据四舍五入写成 0.9 就相关显著了，因为比较其显著与否的标准是 0.892 9。定量措辞要认真推敲，适应局部地区的品种不能说可大面积推广。某种农药使用浓度是 0.2%～0.3%，不能写成 0.3% 左右。某玉米品种的株高是 210 cm，就不能写成 200 cm 左右。尤其是对表示时间的名词，应用具体日期，不能用“前年”“大后年”“上月”等词。

（二）简明

农业科技文章不是供人欣赏的文学作品，它的主要目的是交流科技信息。在科学技术日新月异、农业信息与日俱增的今天，办事讲究高效率是新时代对农村科技工作者的基本要求，作为传递信息的农业科技文章，应以尽可能少的语言承载尽可能多的信息。那些冗长空泛的语言是不符合农业科技文章语言要求的。“众所周知”“可想而知”“毋庸置疑”等词语要少用或不用。此外，还要区别口头语言和书面语言，如“就是说”应该用“即”；“像上面所谈的”应写成“如上述”等。

（三）严谨

农业科技文章要语出有据，实事求是，不言过其实。例如，在介绍某香糯水稻品质时，就应写出它的蛋白质、脂肪、各种氨基酸和维生素的具体含量，而不能哗众取宠，不负责任地宣传：本米有“时代的营养，大家的营养，世界的营养”等。

严谨的另一个要求，就是根据情况对语言进行修辞限定。如介绍某大豆品种情况时，不能不加条件限制地讲：该品种生育期短，亩产 200 kg 左右。而应该写明在什么地方种植，生育期是多少天。因为一个大豆品种的生育期是随生态条件的变化而变化的，我国南方仅 100 天的大豆品种，在东北种植可能达 130 d 或更长。就是在同一地区种植，播期不同对生育期也有很大影响。还有，200 kg 的产量是什么情况下的产量？瘠薄地能否达到这个产量水平等。

（四）平实

农业科技文章的价值在于其内容的正确性、先进性和翔实性，而辞藻是否华丽对文章的价值影响不大。倘若过分地追求语言的形象、生动和华美，不适当地寻求神来之笔、惊人之语，势必影响语言的平实性，使人眼花缭乱，从而妨碍农业科技信息的传递交流。

任务实施

查找一篇公开发表的农业科技论文并阅读，就论文的文风、文律和语言特点进行特点分析，撰写一篇不少于 1 000 字的研究分析报告，题目自拟。完成后开展小组交流研讨，小组成员互评成绩。

任务评价标准

重点对分析报告中分析总结出的文风（20%）、文律（20%）、语言（20%）的特点、特色点的数量和分析总结深度，以及存在的不足（20%）和今后学习借鉴的总结（20%）进行综合评价。

知识训练

一、思考题

思考题参考答案

1. 如何理解农业科技文章的“准确”要求？结合实际案例，说明如何在文章中做到定性准确和定量精确。

2. 在农业科技文章写作中，如何确保材料与观点的高度统一？请举例说明材料过多或过少对文章质量的影响。

3. 结合文档内容，分析农业科技文章的语言合体律。如何根据不同的读者群体和体裁调整语言风格？

4. 农业科技文章的文风包括准确、鲜明、生动三个方面。三者之间有何关系？为什么准确是前提？

5. 在农业科技文章写作中，如何做到层次分明、逻辑清晰？请以一篇论文为例，分析其层次安排和段落衔接。

二、填空题

1. 农业科技文章的重要特征之一是____________，既要定性准确，也要定量精确。
2. 确立文章主题时，必须以____________为基础，尊重客观实际，正确表达。
3. 在农业科技文章中，材料的选择必须服务____________，确保文章主题的鲜明性。
4. 农业科技文章的语言要求包括准确、____________、严谨、平实4个方面。
5. 农业科技文章的“鲜明”体现在____________和____________两个方面。
6. 在农业科技文章的写作中，____________是鲜明、生动的前提，三者必须有机统一。
7. 语言合体律要求文章语言必须根据____________和____________进行调整。

填空题参考答案

三、深度思考

AI工具写作在实现农业科技文章文风、文律和语言要求方面存在哪些明显的缺陷？是什么原因造成的，如何通过指令来弥补？

项目 2

农业科技文章写作过程技能训练

项目导学

一篇农业科技文章，从写作准备到行文表述和修改完善，大致要经过以下几个阶段：确立写作主题、谋篇布局、拟写提纲、选用材料、行文表述、引文著录、修改定稿等。各阶段写作的任务、遵循的原则和标准、工作重点和要求各不相同。本教学项目以各阶段写作具体任务为载体，通过训练帮助学生掌握各阶段写作知识、工作要点和写作技能，为后期各类农业科技文章写作奠定基础。

学习目标

知识目标

1. 准确描述农业科技文章写作中确立主题、谋篇布局、拟写提纲、选用材料、行文表述、引文著录、修改定稿等过程环节相关知识和规范要求；

2. 准确辨析科技文章在行文表述过程中叙述、说明、描写、论证的写作要求和技巧；

3. 准确描述引文著录的原则、写作规范和格式要求，避免抄袭等学术不端的行为；

4. 准确描述使用 AI 写作工具辅助农业科技文章写作的方法。

技能目标

1. 能结合专业兴趣点规范完成确立主题、谋篇布局、拟写提纲、选用材料、行文表述、引文著录、修改定稿等写作过程；

2. 能在行文表述中正确使用叙述、说明、描写、论证等写作技巧；

3. 能按照引文著录的原则、写作规范和格式要求进行引文著录；

4. 能正确使用 AI 写作工具辅助农业科技文章写作过程。

素质目标

1. 增强服务国家粮食安全"藏粮于地、藏粮于技"的"三农"情怀；

2. 培养科技文章写作行文表述结构层次、逻辑分析能力；

3. 养成尊重知识创新成果，增强版权意识，坚决抵制抄袭等学术不端行为。

知识图谱

- 农业科技文章写作过程技能训练
  - 确立写作主题技能训练
    - 主题及其作用——主题的定义与重要性、主题与文章结构的关系
    - 主题的产生——主题的来源——主题产生于农业科研实践，是研究结果归纳、分析、综合、提炼后的产物
    - 提炼主题——辨别真伪、揭示规律、选好角度
    - 对主题的基本要求——正确、深刻、创新 、集中、鲜明
    - 技能训练——提炼主题训练
  - 谋篇布局、拟写提纲技能训练
    - 谋篇布局——谋篇布局及其作用、谋篇布局的原则
    - 拟写提纲——提纲的作用、提纲的写法、提纲的拟写步骤
    - 技能训练——依据主题拟定写作提纲训练
  - 材料的收集和选用与行文表述技能训练
    - 材料的收集、整理和选用
      - 材料的收集——广泛收集与专题收集、日常收集与临时收集、亲自实践与间接收集
      - 材料的整理——粗线条整理、细致整理
      - 材料的选用——指导思想、具体原则
    - 行文表述
      - 叙述——叙述的人称、顺序和注意事项
      - 说明——说明的方式（定义说明、举例说明、分类说明、对比说明）
      - 描写——描写在农业科技文章中虽不多见，但有时必不可少，用于形象反映事物的内部构造特点和外貌特征
      - 议论——议论三要素，议论的类型和基本方法
    - 技能训练——根据写作提纲初稿写作训练
  - 引文著录、文稿修改技能训练
    - 引文著录
      - 引文的类型——引用关键词、引用原文、引用原意
      - 引文的基本要求——引文要精确、少而恰当，用于关键之处；引文要完整，忠于原意，避免断章取义；引文要贯通，与文章内容和谐一致，避免格格不入
      - 注释——夹注、脚注、尾注的使用方法和格式
      - 著录——列出参考文献的重要性，反映文章科学依据和提供文献出处
    - 文稿修改
      - 文章修改的重要性
      - 文章修改的基本方法——利用 AI 写作工具辅助修改，传统修改方法（读改法、冷却法、求助法和讨论修改法）
      - 修改的基本手段——增、删、改、调、换、核、润七种修改手段，提升文章质量
    - 技能训练——初稿修改，润色写作训练

任务1

确立写作主题技能训练

学习任务描述

党的二十大报告提出加快农业强国建设，守住18亿亩耕地红线。保障粮食和重要农产品稳定安全供给始终是建设农业强国的头等大事。解决吃饭问题根本出路在科技，保障国家粮食安全不仅要"藏粮于地"，还要"藏粮于技"。当前，我国农业科技创新整体迈进了世界第一方阵，农业科技进步贡献率达到63.2%，作物良种覆盖率超过96%，农作物耕种收综合机械化率超过75%，为保障国家粮食安全、推动农业高质量发展作出了重大贡献。未来将推动农业科技在智能化育种、耕地保护与质量提升、数智化农机装备、生物安全、绿色低碳等主攻方向上实现新突破，培育形成农业新质生产力。保障国家粮食和重要农产品稳定安全供给、推动农业科技创新和新技术推广应用提高单产、绿色低碳、提效增收水平是"三农"工作的热点，围绕以上热点话题，选择一个研究主题。

相关知识

一、主题及其作用

一篇农业科技文章，不论体裁如何，篇幅长短，总要表明赞成什么，反对什么，肯定什么，否定什么。这就必然会有鲜明的倾向性或明显的意图。叙述的内容及方法，议论的对象及方式，总要受一个基本观点的支配，或受控于一个中心论点或基本观点等。这种倾向或意图，基本观点或中心论点，就是文章的主题，也叫作文章的中心思想。

主题是衡量文章好坏及水平高低的首要标准。评价一篇农业科技文章的价值，首先要看主题是否正确、新颖和深刻。离开主题，很难评论文章的结构、表述、语言、文风等因素的好坏及水平的高低。主题不好的文章，无论其结构如何精巧、材料多么丰富、语言何等优美等，仍不是好文章。

一篇农业科技文章确立了主题，也就确立了结构设计和不同语境等。对于材料来说，主题更是其取舍的根据。可以说，只要有了清晰的主题线索贯穿于文章之中，再散乱的材料也可以像线穿珍珠一样组成有机的整体，只要有富含真知灼见的主题在文中闪烁，再枯燥的数据也能像空中水滴那样，经阳光折射而映成瑰丽的彩虹。

二、主题的产生

实践论的观点告诉我们,农业科技文章的主题不可能从天而降,也不是农业科技工作者头脑里固有的,它只能产生于农业科学研究的实践中,是农业科技工作者在农业科研实践中对研究结果进行归纳、分析、综合、提炼后所产生的认识。农业科技文章的主题,是农业科研实践的产物。

农业科学研究是农业科技文章写作的基础,只有进行了科学研究并获得了值得一写的丰富内容,才能解决写与不写、写什么以及怎么写的问题。如果不进行研究,没有科研实践结果,也无从叙述,无从反映,更谈不上确立文章主题。从这个意义上讲,文章的价值关键不在于写作技巧,而在于科研本身,在于选择的科研课题及其取得的科研成果是否具有价值。广阔的农业科学研究领域是农业科技文章写作取之不尽的主题来源。

三、提炼主题

(一)辨别真伪

客观事物本身是复杂的,对其进行研究后所获得的结果也往往是纷乱的,要从大量的科研数据中找出最能揭示事物本质的文章主题,就要对研究结果进行去伪存真的加工处理。去伪存真,就是要辨别研究结果的真伪,选用最恰当的结论。例如,某小麦品种在 5 个条件基本相同的试验地点种植,平均亩产为 600 kg,而其中一个试验点的材料中写的却是 420 kg,这显然是称错了产量或写错了数据,这时就要认真核查,辨其真伪。如果不对这些数据进行去伪存真,就会得出错误的判断,形成不切合实际的文章主题。

(二)揭示规律

科研结果的本质有时会被表面现象所掩盖,这就要求作者必须对研究结果进行由表及里、由此及彼的综合分析和归纳推理,然后再去揭示客观事物的规律。因此,面对纷呈杂乱的研究结果,一定要进行深入细致的分析,抓住其根本内容,揭示其内在规律。例如,经过调查发现,水稻的一次枝梗数和二次枝梗数与穗粒重关系密切,一次枝梗多,二次枝梗也多。对此,我们不能仅仅停留在定性分析上,还要进行一系列的统计分析,计算三者之间的相关系数,并进行显著性测验,再进行多元回归分析,求出通径系数,分析一次枝梗与二次枝梗每增减一个标准单位对穗粒数的影响,以及一次枝梗如何通过二次枝梗影响穗重。这样,就能清楚地揭示一次枝梗、二次枝梗、穗粒重三者之间的本质关系,从而产生真正能够揭示事物客观规律的文章主题。

(三)选好角度

面对同一研究结果,所处的角度不同,开掘出的文章主题就不一样。从这个意义来讲,能否提炼出深刻、创新、鲜明的文章主题,决定因素之一就是作者所处的角度。例如,某同志 2023—2024 年做了一个水稻试验,选用的品种是新丰 136 号和豫稻 24,分旱种旱管、旱种湿管和水插水管 3 种方式。旱种(包括旱管和湿管)分别于 6 月 1 日、6 月 10 日、6 月 20 日播种,水插水管分别于 4 月 20 日、5 月 1 日、5 月 10 日播种。经过精心试验,获得了大量可靠的水稻生长发育及产量试验结果。就此试验结果,处在不同的角度可以确立多个文章主题,写出不同标题的文章，如《不同生态条件对水稻生育规律影响的研究》《旱种水稻生育规律的研究》《不同播期对旱种水稻产量构成因素的影响》《新丰 136 号水稻叶片生长特点》《新丰 136 号、豫稻 24 幼穗分化规律》《不同种植方式对水稻籽粒灌浆特点的研究》等。当然，文章的标题不同于文章的主题，但二者很有联系。通过这些标题，可以从某个侧面看出作者所处的角度对提炼文章主题的影响。

（四）对主题的基本要求

1. 正确

文章主题必须正确，主题关键词不宜过多，概念和外延要清晰，逻辑要清楚、准确，这是最基本的要求，关键词之间的概念和外延不能相互重叠，或毫无逻辑关系，或外延不严密。农业科技文章的主题必须正确地反映客观事物。例如，某棉花品种已经严重丧失了抗枯萎病能力，主题就不能反映该棉花品种在重枯萎病棉区的增产效果。某兽医仅做了 14 个月的人工培植牛黄工作，就不能确立主题，报道他经过多年的潜心研究在人工培植牛黄研究中硕果累累。在富含钼元素的区域，施钼肥后对大豆产量无增产作用，就不能立意论述此区大豆施钼肥后增产显著，经济效益高。

2. 深刻

主题深刻，就是透过事物的表面现象，以各种方式，从各种角度对事物进行深入细致地分析，探本求源，揭示事物的客观规律。要使主题深刻，就不能满足于数据罗列或材料堆砌，把问题停留在表面。很多农业科研结果与数学有密切的联系，只有经过数理统计分析，才能揭示研究结果的本质特征，得出科学的结论。如果只排出试验结果的 1、2、3、4 等顺序，罗列简单的加减平均数，就不能真正反映研究结果的本质。必要的方差分析、回归分析、边际分析等，是深刻揭示科研结果内在规律的有效手段。

3. 创新

创新，是指文章主题要有新意。要在采取前人没采取过的手段，研究前人没研究过的内容基础上，对研究结果进行深入、透彻的分析，提出前人没提出过的见解，创立前人没创立的理论。即使一些老问题也要力求拓出新意，不能步人后尘，拾人牙慧，人云亦云。要使文章的主题有新意，首先应重视研究前的选题，只有选择研究了前人没研究的课题，才能获得前所未有的科研成果，并根据研究成果，提出富含新意的文章主题。要做到这一点，就必须广收信息，深入调查，站在科学研究的前沿，了解本学科的研究现状和发展动态。只有这样，才能想别人没想过的问题，做别人没做过的事情，收获别人未曾收获过的果实。例如，水稻某杂交品种在当地试种后产量及其他性状很好，推广价值很大，但其生育规律及配套技术尚不清楚。根据此品种将大面积推广种植的趋势，立题研究其生育规律及配套栽培技术，一定能获得生产上所需的研究成果。

4. 集中

主题集中，是说不论文章长短、材料多寡，一篇文章只能有一个主题，或只有一个中心。面面俱到，样样都写，中心林立，其结果只能是面面不清，样样不透，找不到中心。例如，一篇主题为一小麦新品种在新疆分蘖成穗特点的文章，若加写该品种的选育过程和试种的组织协作等内容，就必然冲淡文章的主题，写不清该品种在新疆到底有何分蘖成穗特点等。

5. 鲜明

农业科技文章的主题越鲜明越好，要力图通过文章的主题、摘要、引言、结论等把文章的主题清楚地表达出来。这是因为，农业科技文章不同于文学作品，文学作品可以把文章的主题隐于动人的故事中，掩于曲折的情节中，藏于迷人的景物外，蔽于精辟的对话里，任人去回忆、去领悟、去体会。而农业科技文章则大可不必，它应该也必须旗帜鲜明，观点明确，明言直述。

任务实施

根据官方报道，2024 年新疆小麦生产取得了显著成绩，小麦单产和总产量均创历史新高。新疆粮食单产达到 524.8 kg/亩，高出全国平均单产 130 kg，居全国第一。此外，新疆冬小麦百亩、千亩、万亩连片单产分别创出 795.8 kg/亩、756.2 kg/亩、720.4 kg/亩的全国大面积高产纪录。通过网络搜集相关报道和新品种、新技术应用，自拟一个感兴趣的写作主题。主题可以围绕国家粮食安全、新疆粮食生产、小麦高产新品种和技术应用等方面。

任务评价标准

同桌之间从以下几个方面相互评价自拟的写作主题，并按照讨论意见进行修改，形成自拟的写作主题题目。评价标准：

(1)主题是否聚焦当前行业关注领域，有深刻现实的价值(20%)；

(2)主题标题中的关键词概念、外延和逻辑是否科学准确(30%)；

(3)主题是否具有创新理论，思想观念是否鲜明(30%)；

(4)主题研究的内容是否集中、不分散(20%)。

知识训练

一、思考题

思考题参考答案

1. 如何理解农业科技文章主题的重要作用？结合实例，说明主题如何贯穿于文章结构设计和材料选择中。

2. 农业科技文章的主题是如何产生的？为什么说科研实践是文章主题的基础？

3. 在农业科技文章写作中，如何确保主题的“正确”“深刻”“创新”和“集中”？

二、填空题

1. 农业科技文章的主题是衡量文章好坏及水平高低的首要标准，其评价标准包括____________、新颖和深刻。

2. 农业科技文章的主题只能产生于____________，是科研实践的产物。

3. 提炼主题时，需要通过____________、____________的过程，揭示客观事物的规律。

4. 面对同一研究结果，作者所站立的____________不同，开掘出的文章主题也会不同。

5. 农业科技文章的主题必须正确反映客观事物，不能出现概念模糊、____________不严密的错误。

6. 要使文章主题深刻，不能停留在数据罗列或材料堆砌上，而应通过________分析揭示本质。

7. 文章主题的创新性体现在提出了________的见解或理论，不步人后尘。

8. 农业科技文章的主题应明确表达，旗帜鲜明，不能像________那样隐晦。

填空题参考答案

三、拓展作业

在网上选择一篇 1 万字以上的农业科技论文或报告，分析文章标题的主题内容、标题凝练的科学性。同时根据农业科技论文或报告内容，提出 3 个以上不同角度的主题，并为每个主题拟定一个文章标题。

任务 2

谋篇布局、拟写提纲技能训练

学习任务描述

谋篇布局、拟写提纲是农业科技文章写作的核心环节，直接影响文章的逻辑性、可读性和科学性。通过合理的构思与结构设计，作者能够更好地组织材料、表达主题，从而提升文章的整体质量。以实施“藏粮于地、藏粮于技”战略，保障国家粮食和重要农产品稳定安全供给，加快建设农业强国为主题，从耕地、水等资源约束，自然灾害和极端天气气候事件多发频发等生产条件因素制约，以及绿色低碳、提高单产、节本增效、科技创新等视角，拟定文章标题。通过学习相关知识，参阅相关资料，借助 AI 写作工具拟定文章写作提纲。

相关知识

一、谋篇布局

（一）谋篇布局及其作用

谋篇布局是指文章的构思和结构设计。行文之前，根据文章的主题要求和体裁特点，对所写内容进行反复运筹、规划和合理安排，明确哪些详写、略写，哪些先写、后写，哪些议论、叙述；哪些用自然语言符号，哪些用人工语言符号，以及怎么开头，怎么衔接过渡，怎么结尾等。这些对文章内容进行运筹规划的过程就是谋篇布局的过程。

能否对文章内容进行周密的思考和科学的安排，直接关系到文章写作的成功与否。农业科技文章是否“言之有理”，看的是主题是否正确、深刻和鲜明，是否“言之有物”，看的是材料是否真实、可靠、充分和典型。而是否“言之有序”，则看的是文章运筹设计得是否充分周密和精巧合理。行文之前，对所写内容进行深思熟虑，设计出独具匠心的结构，就能使纷繁众多、看似杂散的材料有机地组织在一起，从而写出有理、有物、有序的文章。

（二）谋篇布局的原则

1. 反映客观，体现内在逻辑

文章是客观事物的反映，文章本身所体现的内在逻辑，应该是客观事物本身所具有的内在逻辑。文章要客观、全面地反映客观事物，文章结构形式，必须体现客观事物的内部联系和运动规律。文章结构设计时所排列出的一、二、三、四，或甲、乙、丙、丁，也应完全服从于客观事物的表现。文章的结构形式若不去科学地反映客观事物本身所具有的内在逻辑，客观事物就不能正确地再现于文章之中。而要做到这一点，作者首先应该对要反映的客观事物本身有全面、深入的见解。只有深刻认识了客观事物，才能在文章中透彻地、精辟地去议论、叙述和说明。

2. 围绕主题，完整统一

主题是文章的统领，结构是表现主题的手段，结构设计的任务是为了更好地表现主题。一篇文章分几部分，哪些先写，哪些后写，哪些详写，哪些略写，都必须根据主题的需要。主题犹如“轴心”，一切内容，一切材料必须围绕这个轴心而转，只有这样，各部分才能环环相扣，紧密衔接，富有逻辑，无懈可击。

农业科技文章的主题应该是一个完整的整体，作为表现这个主题的文章结构也应该完整。结构完整，首先要求文章内容齐全，没有残缺。其次文章各部分要有密切的内在联系。文章中的来龙去脉、前因后果、统计分析、图表运用等，都必须合乎情理，连贯统一。例如，一篇多点、多年品种比较试验的文章结构，不能缺少各地、各年试验的产量结果，或省略地点间、年份间、品种间的方差分析和显著性检验；各品种的基因型方差、变异系数、适应地区只能是后果，而不能作为前因等。

3. 适应体裁，灵活多样

文章的结构必须合乎体裁的要求，这是因为农业科技文章越来越趋于程式化，并逐渐国际化。文章的体裁不同，写作程序也不同。例如，农业论文的程式是：标题，摘要，引言，试验材料和方法，结果及分析，结论与讨论，致谢，参考文献，附录，英文摘要。情报综述的写作程式是：问题的提出，历史发展，现状与分析，趋势预测，改进建议，参考文献。依据这些约定俗成的文章程式进行写作，不仅作者方便，更重要的是读者方便，便于进行学术交流。相对固定的文章程式，淡化了同一文体农业科技文章可能出现的多彩多样、眼花缭乱的结构形式，更加明确地突出了文章的表达内容。它可以使读者不费研究文章结构之力，集中精力去了解文章的内容。

当然，一些农业科技文章虽有固定结构，但只是相对的，这些程式都是前人总结，供后人借鉴的。这并不意味着我们必须去生搬硬套。因为，客观事物是千变万化的，人们对其认识和改造的形式是多种多样的，作为反映客观事物的文章结构，当然也不应该是墨守成规、千篇一律的。何况，目前虽然写文章都借鉴于一定的程式，但尚未达到强求一律的程度。作者完全可以根据需要改变习惯的写法，在一定的程式范围内进行灵活多样的表述。

二、拟写提纲

对于短小或内容简单的文章，只需打腹稿即可，但对篇幅较长或内容复杂的文章，拟写提纲则显得尤为重要。它可以使文章结构设计视觉化，便于审视结构的合理性，如层次是否清晰、材料配备是否恰当、逻辑关系是否严密等。

（一）提纲的作用

(1)使文章表述紧扣主题，突出重点，避免因内容复杂或篇幅过长而偏离主题。

(2)保证思路连贯，行文流畅，避免内容重复或逻辑脱节。

(3)确保条理清晰，防止杂乱无章。

(4)有利于材料的选择和安排，避免遗漏或引入无关材料。

(5)便于通篇考虑，协调比例，防止段落或章节篇幅失衡，详略分配不均，也可防止头重脚轻或虎头蛇尾。

(6)对于无法连续写作的作者，提纲可使作者在较短的时间内，厘清写作头绪，继续写作。

(7)对于多人合作撰写的文章，提纲有助于统一思路，明确自己所写部分在全文中的地位及要求，防止结构混乱与内容重复。

（二）提纲的写法

提纲是由序号和文字组成的一种逻辑结构的呈现，这个逻辑结构是文章的主题与论述的材料，或论题与论据之间逻辑关系的可视化与图表化，是文章写作的设计图。不同级别的标题序号有其特定的书写规范，书写时必须合乎规范。

提纲序号后的内容有两种写法，一种是标题式写法，另一种是句子式写法。

(1)标题式写法。这种写法是以简要的语言构成标题，把各部分的内容概括出来。优点是简洁、扼要，一目了然，但无法展示具体细节。

(2)句子式写法。是以完整的句子把内容概括出来。优点是具体、明确、易懂，但不如标题式写法简洁醒目。无论采取哪种形式，同一级别的标题应尽可能保持语法一致性。

（三）提纲的拟写步骤

(1)写出文章的标题。标题应为完整的句子，应以最简洁、最鲜明的语言准确概括文章内容。

(2)列出全文的一级框架结构。这是文章的主体框架，一级框架要反映出文章的全部内容，并科学地安排顺序。

(3)写出全文的二级、三级或更细化的框架结构，一般的文章提纲到三级结构就可以，很少到四级结构。

(4)各级框架确定后，要根据各段的逻辑关系依次排出各段的顺序，把准备用的材料、卡片、图表按照其内在联系排列顺序。

(5)最后全面审阅提纲，对各级标题文字进行加工，对内容进行必要的增删与调整。

任务实施

针对拟定的写作主题的题目，使用 AI 写作工具，编写指令自动生成写作结构和一级、二级、三级写作提纲，并根据自身理解对文章提纲进行修改完善。

任务评价标准

同桌之间从以下几个方面进行讨论和相互评价写作提纲，并按照讨论意见进行修改完善。评价标准：

(1)文章提纲是否能完全反映文章标题的主题(20%)；

(2)文章提纲结构层次是否规范，符合科技文章写作程式(30%)；

(3)文章提纲结构层次、前后逻辑和内容衔接是否科学合理(30%)；

(4)文章提纲三级标题内容是否存在与标题主题无关内容(20%)。

知识训练

一、思考题

思考题参考答案

1. 谋篇布局在农业科技文章写作中的重要性是什么？具体体现在哪些方面？

2. 如何理解“文章是客观事物的反映”这一原则？结合实际例子说明文章结构如何体现客观事物的内在逻辑。

3. 在农业科技文章中，如何根据主题的需要合理安排文章的详略、顺序和材料？

4. 农业科技文章的结构设计为何要适应体裁要求？程式化写作的优缺点是什么？

5. 提纲在文章写作中的作用有哪些？如何通过提纲来提高文章的逻辑性和条理性？

二、填空题

1. 谋篇布局是指文章的__________和__________，其目的是通过合理规划使文章内容__________。

2. 农业科技文章是否“言之有理”取决于__________是否正确、深刻和鲜明，是否“言之有物”则看__________是否真实、可靠、充分和典型。

3. 结构设计的任务是为了更好地__________，文章的各部分内容必须围绕__________展开。

4. 农业科技文章的程式化表现在其__________和__________，这种结构形式有助于__________。

5. 提纲的主要作用包括使文章表述__________、保证__________，以及便于__________。

6. 提纲的两种写法是__________和__________，前者长于__________，后者长

于__________。

7. 拟写提纲的第一步是写出文章的__________，其语言应__________并准确概括文章内容。

8. 框架结构分为一级、二级、三级等，一般的文章提纲到__________结构即可，极少用到__________结构。

填空题参考答案

三、拓展作业

在网上选择一篇 5 000 字以上的农业科技文章（如学术论文或综述），分析其结构设计是否符合谋篇布局的原则。回答以下问题：文章的主题是否明确？如何通过结构体现主题？文章的详略安排是否合理？如果由你来改进，会如何调整其结构和材料安排？

任务 3

材料的收集和选用与行文表述技能训练

学习任务描述

农业科技文章写作在确立了写作主题，谋篇布局构思完成结构设计，初步拟定撰写提纲后，作者的核心工作就进入高效收集、整理和选用好材料，材料真实、论据充分、逻辑清晰地行文表达主题，撰写形成高质量文章。按照上一任务拟定的文章题目和提纲，开展材料的收集、整理和选用，依据大纲组织行文表述写作任务，系统训练专题材料的收集、整理和选用等撰写科技文章的基本技能。

相关知识

一、材料的收集、整理和选用

这里所说的材料，是指与农业科技文章写作有关的，经过科学研究的实践或对科技情报进行研究收集所获得的一系列信息资料的总称。它可以是公开出版的书籍、报刊，也可以是尚未发表的原始记录数据；可以是自己实践获得的，也可以是交流获得的；可以是近期的，也可以是久远的；可以是文字叙述式的，也可以是数字图表式的；可以是看得见的，也可以是听得着的；可以是自己平时收集的，也可以是 AI 文献工具收集整理的。俗话说，巧妇难为无米之炊，写文章必须收集和占有大量的材料。这是因为，材料对写文章来说有如下重要作用。

首先，材料是文章主题的基础。科技材料载有大量的科技信息，它记载了他人的科研经验和教训，反映了各时期、各方面的科研进展水平，广泛地查阅材料并对它们进行深入细致的研究，才能知道专业学术研究的历史和现状。若对本专业纵横发展状况一无所知，或知之甚少，闭目塞听，孤陋寡闻，必然步他人之后尘，拾他人之牙慧，做他人已做事，言他人已所言。例如，新疆某小麦科技工作者由于不了解学术动态，2002—2005 年辛辛苦苦搞了晚播小麦试验，并根据试验结果写出论文，投给《新疆农业科技》，稿子很快被退了回来。原来，早在 1998 年新疆农科院就已对晚播小麦进行了研究，研究报告于 2000 年就已发表在《新疆农业科技》上。

其次，主题要靠材料来表现。材料不仅是文章主题的基础，还是表述主题的支柱。能否深刻地揭示文章的主题，关键因素之一就要看有没有大量的、当前的、真实的、典型的材料。唯有建立在材料支柱上的观点，才有雄辩的说服力。

最后，为以后的写作做好准备。“厚积薄发”是重要的作文之道。有的材料虽然当时没有派上用场，但不等于没有价值，它很可能是下一篇文章主题形成的基础和表述文章主题的支柱，广泛地收集保存资料对农业科研及写作有着重要的作用。

（一）材料的收集

1. 广泛收集与专题收集

收集材料应多多益善，只有在众多材料的基础上才能比较鉴别，选优舍劣，对此，文学家茅盾曾深有体会地说：“采集之时，贪多务得，要跟奸商一般，只消风闻得何处有门路，有货，便千方百计钻挖，弄到手方肯死心，不管是什么东西，只要是可称为‘货’的，便囤积，不厌其多。”

收集材料应遵循“广泛收集、专题聚焦”的原则。通过知网、PubMed 等数据库，检索最新的学术论文、行业报告，尤其是硕博论文，这些资源通常对学科发展和理论创新有系统的总结。同时，利用 AI 文献工具（如 DeepSeek、EndNote、Mendeley）高效管理文献，搭建个人知识库，便于后续检索和使用。

2. 日常收集与临时收集

材料的收集要靠日积月累。一个农业科技工作者，要根据自己的专业范围和业余爱好坚持不懈地收集材料。在堪称信息爆炸的今天，每时每刻都有大量的信息产生。日常可以通过关注农业科技公众号、参与学术会议、订阅行业期刊等方式获取信息。同时利用 AI 知识库工具，将日常关注的信息智能分类存储，方便后续使用。如临时工作需要，突击收集一些资料也是材料收集的另一种办法，可以有针对性地通过国家知识数据库（如 CNKI、Web of Science）快速检索相关资料，同时向相关部门收集专项材料。以日常收集为主，临时收集为辅，材料库就会越来越丰富。

3. 亲自实践与间接收集

材料可以分为两类：一种是通过亲自实践获得的；另一种是通过查阅科技文献或材料交流获得的。作为一个农业科技工作者，要丰富自己的材料库，收集到大量的材料，就必须把亲自实践和间接收集密切地结合起来。

(1)亲自实践。亲自实践是获得宝贵的第一手资料的唯一途径，可以分为试验和考察两种。

①试验。试验是农业科技工作者获得直接信息的最重要的方法之一。首先，对试验内容要做细致地观察，充分利用先进的仪器设备，例如，利用先进的检测仪器（如光谱分析仪等）记录实验数据和环境数据。不仅要记录测得的试验数据和各种现象，还要记录当时的条件和方法，因为某些细微的差别可能携带有揭示客观本质的信息；记录某些现象，尤其是特殊现象的背后可能隐有本质性的规律。同一试验对象可能会因试验条件和方法不同，导致不同的结果。例如，经过反复认真地观察、比较，发现某昆虫的腹色与所有文献记载的不同，这可能就是收集到了一个新的昆虫种。其次，要细心精准测量记录原始数据，不可随意删除和修改，因为这些数据往往就是揭示大自然规律最主要和本质的信息。

②考察。很多农业科研项目仅在实验室是进行不了的，必须到社会或大自然中进行实地考察，只有进行实地考察或调查，才能获得有用的材料。例如，要了解天山山脉南北坡植物分布情况，就必须到当地进行实地考察。再如，要想提出某河流域的综合治理方案，就要到这个流域进行实地考察，以获得第一手资料。

（2）间接收集。亲自实践虽然能获得宝贵的第一手材料，但毕竟是有限的，而载有重要信息的材料，如科技文献、情报资料及其他尚未公布发表的材料是无数农业科技工作者艰苦劳动的结晶，它既有成功的经验，也有失败的教训，既反映了农业科学技术的成就和已达到的水平，也预示着未来农业科学发展的动向，故要努力收集。间接收集分一次文献的收集和二次文献的收集。

①一次文献的收集。一次文献包括首次出版或发表的科技专著、期刊论文、科技报告、专利文献及其他首次内部交流资料。

②二次文献的收集。二次文献是指在一次文献基础上，经过加工产生的资料。二次文献的优点在于可以广泛地了解科技动态，为查找一次文献提供线索，或能用较少的时间获得大量的资料。二次文献属于情报文献，有题录、简介、文摘和索引等。

（二）材料的整理

1. 粗线条整理

所谓粗线条整理，是指对材料进行简单的分类归档。例如，农学专业可以把收集的材料按植物保护、土壤肥料、遗传育种等分类。做小麦栽培工作的可以把材料分为：播期、播量、品种，做肥料工作时又可以分为：氮肥、磷肥、微肥、复合肥，或以施肥的作物或蔬菜的种类分为：小麦、水稻、大豆、棉花、西瓜、豆角、芹菜等的施肥。

2. 细致整理

材料收集到以后，最好细致地加以整理。整理的办法很多，例如，为特定研究主题建立专属目录，方便后续深入研究；建立关键词索引，便于后续检索；将重要信息整理成卡片，标注来源、核心内容和应用场景。不论是粗线条整理，还是细致整理，都可以通过利用 AI 写作工具辅助快速完成。

（三）材料的选用

1. 指导思想

选用材料的指导思想要突出一个“严”字。收集材料时我们提倡多多益善，而在选用材料时则主张以严为上。茅盾先生有一段非常精辟的话：“材料选用的时候，可就要像关卡的税吏似的百般挑剔了：整整一卡车的‘货’，全要翻过身来，硬的要敲一敲，软的要扪一把，薄而成片的，还得对着阳光照了又照—— 一句话，用尽心力，总要找个把柄，便扣下来，不让过卡。”

2. 具体原则

（1）围绕主题选用材料。由于主题是文章的灵魂和统帅，故必须围绕主题选用材料。与主题有关，并能有力地说明、突出主题的材料可选而用之，反之则弃而舍之。材料必须具有典型性，典型的材料，指的是那些能够深刻反映事物本身，具有广泛代表性和充分说服力的材料。一篇农业科技文章不可能包罗万象，面面俱到，它只能以典型的材料来反映农业科学领域某事物的一般规律。

（2）选用真实、准确的材料。所谓真实，是说材料必须是客观事物的真实记载，客观反映；所谓准确，就是材料可靠无误，确凿无疑。真实和准确是对所用材料的基本要求。因为，农业科技文章科学性很强，材料稍有不实或差错就可能导出错误的结论，或统计分析出错误的结果。一篇文章中若有一个材料失实或不准，就会使人怀疑其中全部材料和文章结论的正确性。作为一个农业科技工作者，必须树立严肃认真的科学态度和形成实事求是的良好作风。

（3）选用新颖的材料。新颖的材料是指那些别人没见过、没听过、没用过的材料。科技文章最忌“吃”别人“嚼”过的老一套的“陈谷子”“烂芝麻”，这样的文章很难使人感兴趣，也很难深刻地揭示文章的主题。

二、行文表述

农业科技文章的表述手法不同于一般的文学作品。在文学作品中，说明文、叙述文、议论文之间的界限很清，一篇文章要么是说明文，要么是叙述文，要么是议论文，可以清楚地区分开来。而农业科技文章除少数文体比较单一外，大多是把说明、叙述、议论等各种表述手法熔于一炉，很难将其区分为纯粹的说明文、叙述文或议论文。如学术论文、试验报告，其引言部分用的是叙述手法，试验材料和方法部分用的是说明的手法，结果和讨论部分用的是叙述和议论相结合的手法。议中有叙，叙中加说，议、叙、说有机结合是大多数农业科技文章的一大特点，只是每篇文章着重点有所区别。例如，科技论文、述评等是议论为主，配之以叙、说，而科技报告及其他一些科技应用文则以叙说为主，辅之以议等。描写也是农业科技文章的重要表述手法，如对昆虫、细菌、植物等形态的描写。农业科技文章中很少采用抒情的手法，因为农业科技工作者对事业的炽热感情，只能体现在文章的周密议论、中肯分析和严谨叙述中，而不能像文学作者那样直接在作品中抒发自己的感情。

（一）叙述

叙述是用来介绍和交代事物发生、发展、结束全过程的一种表述方法，可以用来表达论题或论点，并叙述事实根据，把科学研究的各方面及其内部联系交代清楚，给读者一个完整的印象。

1. 叙述的人称

对农业科技文章来说，尤其是对科技论文、科研报告这一类文章来说，由于文章介绍的内容都是作者自己的研究结果，故总用第一人称叙述，只不过在写作过程中把人称代词“我”或“我们”省略了。只有当作者不止一人，文中某观点由某人首先提出，或文中某项重要内容由某人完成时，为明确起见，才点名使用第三人称。

2. 叙述的顺序

农业科技文章大都使用顺序叙述形式，所谓顺序叙述形式就是按照事物发生发展的先后顺序，或在空间位置的顺序来进行叙述。如在叙述新冬×号播期试验内容时就采用顺序叙述方式：

新冬×号小麦在昌吉市的播期试验结果：9月1日播种，越冬期冻害严重，亩产180 kg；9月5日播种，冻害也较重，亩产250 kg；9月10日播种，有冻害，但不严重，亩产350 kg；9月15日播种的没冻害，亩产402 kg；9月20日播种的也没有发生冻害，亩产450 kg；10月1日播种，虽无冻害，但分蘖较少，亩产仅403 kg；10月10日播种，分蘖更少，亩产370 kg。对上述试验结果进行统计分析，结果表明：新冬×号小麦在昌吉市播种的适宜时期是9月20日左右。

按照播期先后顺序来叙述新冬×号小麦品种在昌吉市种植的冻害、分蘖和产量情况，显得很自然。

3. 叙述注意事项

(1)头绪清楚。动笔前要厘清所述内容，分清前因后果和先后顺序，做到脉络清楚，有条不紊。科技作品的叙述不同于文学作品，文学作品的叙述主要要求形象、生动，科技作品的叙述则主要要求准确、明白。

(2)详略适宜。凡是有用的，哪怕是一个小数点，一个符号也不能丢，而与文章无关或关系不密切的，则一律删除，坚决不用。

（二）说明

说明就是把事物的形状、性质、特征、成因、关系、功用等介绍清楚，使人明白。在农业科技文章中，主要有4种说明方式。

1. 定义说明

定义，也叫作界说，是用言简意赅的文字，揭示事物本质特征的一种说明方法，也是确定某一事物界限和范围的严密而科学的说明方法。

“精准农业是基于现代信息技术，通过实时数据采集与分析，实现农业生产精细化管理的一种模式。”

在农业科技文章中，定义说明的多少，应视读者专业水平而异。过多，造成累赘；过少，使人费解。使用时，根据文章流畅与否，及其他因素确定定义说明方式。定义有3种：

一是直接定义，即定义跟在被定义的词后面。

二是自然定义，即将定义插在文章的说明之中，同义词在被定义的词前面。例如：

试验表明，植物生长需要量虽微，但又必不可少的营养元素——微量元素，有锌、钼、铜、锰、硼、铁6种。

三是脚注定义，即定义放在脚注里，这可以避免句子过于冗长。

2. 举例说明

在使用定义说明的方法说明一些专业术语时，仍使人觉得抽象，难以理解时，就需要用实例来具体进行说明。例如：

随机事件，就是指许多事物在同一条件下，可能这样表现或那样表现，不一定会得到同一观察结果的事件。比如，同一发芽箱中的一粒小麦种子可能发芽，也可能不发芽；同一田中的一株某品种的水稻植株，可能小于 90 cm，也可能大于等于 90 cm。

3. 分类说明

对于量多且复杂的说明内容，可用分类说明的办法，这样能使内容的层次更清楚，条理更分明。例如：

题为《对几个春小麦品种丰产性、适应性的分析》一文，在“材料和方法”一节这样分类说明：

二、材料和方法

(1)供试验品种。新旱 688 、西旱 2 号、高原 776、A017-5。

(2)参试单位。新疆农科院奇台试验站、甘肃农业大学农学院、中国科学院西北高原研究所。

(3)试验地基础。参试单位的试验地均为壤土，有灌水条件，土壤肥力中等偏上(养分指标见表，地力均匀)。

(4)播种时间。3 月中旬前后。

(5)播种量。每亩播种量 10～15 kg，每亩基本苗数 25 万～30 万株。

4. 对比说明

把要说明的对象同读者熟悉的对象做比较加以说明的方法，谓之比较说明。比较事物的相似点，叫作类比；比较事物的不同点，叫作对比。对比说明是农业科技文章中应用相当广泛的说明方式，如品种比较试验就是通过比较品种间、地点间、年份间的效应，来确定品种的丰产性、适应性的。不同农药及其浓度试验也是通过比较来看不同农药的防治效果的。

（三）描写

农业科技文章中的描写虽不多见，但有时必不可少，要形象地反映事物的内部构造特点和外貌特征，描写有其独到的功用。例如：

三、大果蝇(D. grandis)

形态特征：雄蝇触角芒上有 5 个分枝，触角呈褐色，前额大于头宽约 1/3，前额淡黄色，有两条深褐色的纵带。第二根眼鬃为其他两眼鬃的 1/3 ，口鬃大，有一根突出，背部宽阔、平坦。面部淡黄，两颊发黑而亮，其颊的最大宽度为眼高的 1/4 。眼上有粗壮的绒毛。头顶呈褐色，其余部分呈淡黄色。

（四）议论

议论，是作者通过事实材料及逻辑推理来明辨是非，阐述道理，表明自己见解、主张的一种表述形式。它是农业科技文章写作的主要表达方式，尤其在科学论文中，作用非常突出。

1. 议论三要素

论点、论据、论证是议论的 3 个组成部分，亦称议论三要素。

(1)论点。亦称论题或论断，是议论者提出的主题、意见和看法。论点又可分为总论点和分论点。总论点又称为中心论点、基本论点；分论点是指既归属于总论点，服务总论点，又统领各个侧面、各个局部的下一级论点。较长的文章在分论点之下还有更低一级的小论点。总论点、分论点以及分论点下的小论点等，构成了文章论点的纲目。论点是议论的核心和统帅，必须正确、鲜明、新颖。

(2)论据。论据是支持论点的事实或理论依据，有事实材料和理论材料两种。在农业科技文章中，论据主要是指已经被证实是正确的观点、结论、公理、定理及其他事实。言之有据，是议论的基础，科技文章的论据必须真实、典型、新颖和充分。

(3)论证。论证是以论据证明论点的过程和方法。论证的过程就是用正确的理论和具体的事实来分析问题和解决问题的过程。这个过程是逻辑推理的过程，是观点和材料统一的过程。在这个过程中要剖析论点和论据之间的内在逻辑关系。论点、论据和论证是一个整体，其中，论点是统帅，解决“要证明什么”的问题，论据是基础，解决“用什么证明”的问题，论证是方法，解决“如何证明”的问题。

2. 议论的类型

(1)立论。立论是指从正面直接证明自己的观点。它通过阐述自己的观点，用充分的论据来证明自己观点的正确性，从而使论点立起来。

(2)驳论。驳论也叫作破论，或反驳、反证。它是指通过证明别人观点是错误的、虚假的，从而驳倒对方，树立自己的正确观点，以破为主的议论类型。

立论和驳论是对立的统一，可以单独成篇，也可以融为一体，配合使用。

3. 论述的基本方法

(1)归纳论证。归纳论证是指从特殊性到普遍性的论证方法。它是通过对个别事例的分析与研究，归纳其共同特性，综合其共同本质，从而得出一个带有普遍性的观点。例如：

冬小麦、燕麦、菠菜、萝卜、甜菜由南向北移植后，发育提前，生育期缩短。这些植物是长日照植物的典型代表，故长日照植物由南向北移植时，发育提前，生育期缩短。

(2)演绎论证。演绎论证是指从一般原理中推求出个别原理的推理论证方法，或者说是从大道理中求出小道理的论证方法。常见的有直言三段论、假言三段论和选言三段论 3 种方式。

①直言三段论是以直言肯定判断为大前提的三段论，它往往以公理作为推理的基础，来说明同类事物全体对象中肯定有的特征，其中个别对象也必然具有这一特征。反之亦然。例如：

在×××灌溉生态环境条件下，春性小麦品种在 9 月 6 日前播种，越冬期间必然发生冻害(大前提)，新冬×号属于春性品种(小前提)，9 月 5 日在×××灌溉区播种，越冬期间必然发生冻害(结论)。

②假言三段论是以假言判断作为大前提的三段论方式，它是以因果联系作为推理基础来进行推断的。例如：

如果新疆的冬性小麦品种移到广东种植，通不过春化阶段是千真万确(大前提)，新冬 18 号这一新疆冬性小麦品种移到广州种植(小前提)，肯定不能通过春化阶段，表现为不抽穗始终处于分蘖状态(结论)。

③选言三段论是以选言判断为大前提的三段论方式。这种论断方式，反映事物属性的多样性，在某一场合下，当排除其他属性后，该事物必然和某一属性发生联系。例如：

昌吉榆树沟曙光村今年种植的新冬×××号比去年减产了，除其他原因外，主要原因要么是种植密度不合理，要么是播期太早或太晚，要么是病虫危害太重，要么是施肥太少或出现大面积倒伏，要么是灌浆期遭遇干热风危害（大前提），经过调查，排除了前 4 种原因（小前提），因此，可以说灌浆期遭遇干热风危害是减产的主要原因。

（3）类比论证。就是将此类事物与彼类事物相比，以彼类事物的正确与否来证明此类事物的正确与否。例如：

短日照植物北移种植后，发育延迟，南移种植提早开花。水稻也是短日照植物，北移后发育应延迟，往南移时开花应提前。再如，冬小麦品种在昌吉播种，不能早于 9 月 5 日，早了易发生冻害。新冬×××号在昌吉地区播种早于 9 月 5 日，也必将发生冻害。

（4）对比论证。对比论证就是将截然相反的两种情况进行比较，形成鲜明的对比，从而突出一方的性质。例如：

在昌吉适期播种的新冬×××号小麦，播量 12～15 kg/亩，基本苗保持在 15 万株左右能够保持麦茎秆粗壮，弹性好，基本没有倒伏现象，亩产 450 kg 左右；密度超过 20 万株基本苗的，则分蘖成穗率低，茎秆较细，弹性差，易出现大片倒伏。

（5）分析论证。分析论证，也称因果论证，即通过分析事理来揭示论题与论据之间的因果关系。

（6）归谬论证。这种方法是先假定某一论点是正确的，然后以它为前提，导出一个显然是荒谬的结论，进而证明假定的那个论点是错误的。

（7）引证论证。引证论证就是引用他人科技文献中的科学言论来论证作者本人观点的一种论证方法。

任务实施

根据上一任务拟定的写作题目和提纲，从耕地、水等资源约束，自然灾害和极端天气气候事件多发频发等生产条件因素，以及绿色低碳、提高单产、节本增效、科技创新等视角，专题收集、整理和选用材料。可先使用 AI 写作工具，投喂选用的材料，编写指令自动生成写作提纲和基础文案，然后根据自身对自拟题目的理解和写作材料的消化吸收，对基础文案进行修改，修改时注意文章层次、逻辑和知识创新。最后可使用 AI 写作工具对文章进行校对和润色，形成一篇不少于 1 500 字的研究分析报告。

任务评价标准

同桌之间从以下几个方面相互评价研究分析报告，并按照评价意见进一步修改完善。评价标准：

（1）支撑文章层次、逻辑和知识创新的材料选用科学合理（20%）；

（2）文章材料有效支撑理论观点（30%）；

（3）文章行文表述逻辑严密、概念清晰，文字表述明确（30%）；

（4）文章根据内容合理使用了叙述、描述、说明和议论等 3 种以上表述手法（20%）。

知识训练

一、思考题

思考题参考答案

1. 为什么在农业科技写作中，广泛收集与专题收集材料是必要的？请结合具体案例说明。

2. 粗线条整理与细致整理的区别是什么？在实际工作中，如何选择适合的整理方法？

3. 在选用材料时，为什么强调“真实、准确、典型、新颖”？请举例说明如何在实际写作中应用这些原则。

4. 在农业科技文章写作中，叙述和说明的作用分别是什么？请结合具体段落进行分析。

5. 议论三要素(论点、论据、论证)在农业科技写作中如何体现？请举例说明。

二、填空题

1. 材料收集应遵循__________与__________结合的原则，优先选择与__________相关的最新专业资料。

2. 在农业科技写作中，__________是指通过亲自试验或实地考察获得的第一手资料，而__________是指通过查阅科技文献或交流获得的资料。

3. 材料的整理包括__________整理和__________整理，前者是对材料进行简单分类，后者则通过专题目录、文献索引等方法深入整理。

4. 在选用材料时，必须围绕__________进行筛选，确保材料能够有力说明和突出论文的__________。

5. 农业科技文章的叙述多采用__________人称，叙述顺序通常按照__________或__________进行。

6. 定义说明是用__________的文字揭示事物__________特征的一种说明方法，常见的方式包括直接定义、自然定义和__________。

7. 议论的三种基本方法是__________论证、__________论证和__________论证，其中，__________论证是从一般原理推求个别原理的推理方法。

8. 在农业科技写作中，__________论证通过分析事理揭示论题与论据之间的因果关系，而__________论证则是通过引用他人的科学言论支持论点。

填空题参考答案

三、扩展作业

收集相关材料，撰写一篇人工智能对未来农业深刻影响的研究分析报告(不少于 1 500 字)。

任务 4

引文著录、文稿修改技能训练

学习任务描述

在农业科技文章写作的收尾阶段，进一步规范引用相关文献的表述格式，既能为文章增添理论支持和数据依据，提高文章质量，又能体现对原有作者研究成果的尊重和避免抄袭等学术不端行为。文稿修改则是提升文章质量的重要步骤。修改过程中，作者需反复检查完善文章的逻辑性、语言的准确性和结构的合理性，确保内容清晰、论证严密。通过相关知识学习训练，进一步掌握文章引文著录的要求和使用规范，文稿修改的方法技巧，全面提高写作的水平。

相关知识

一、引文著录

（一）引文

在农业科技文章的写作过程中，有时要引用他人的文章内容，以满足表述的需要。而引文就是借鉴前人研究成果的一种方法。用引文来代替、说明、辅助思想的表达，在科技论文中是常见的做法。有的引文可以作为文章的观点，有的可以用作分析阐述，多数情况是用来充当论据的。不论是哪一种情况，其目的是充实文章内容，增添理论色彩，增强论辩的力量。

1. 引文的类型

（1）引用关键词。关键词的引用，多是为了加强表达效果。这种引文，可以使语言浓缩、凝重，原意与自己的意思合而为一，借他人之言为我所用，从而取得意想不到的效果。引用的关键词要用引号，以示他言与己言的区别；引号后不能加任何标点，使他言与己言在形式上合而为一。例如：

……冬小麦中期管理，关键是要通过各种农艺措施构建高产群体。对“驴耳朵”苗要以促为主，促控结合巧管理，对“马耳朵”苗则以促为主，对“猪耳朵”苗要严格控制水肥……

这段文字引用了“驴耳朵”“马耳朵”“猪耳朵”3个关键词，以形象的方式阐述了冬小麦不同苗情长势长相，及其管理方向。

(2)引用原文。原文的引用主要是为了充实文章的内容，用具有权威性的思想来代替自己所要表达的思想，或是作为论证的论据，以起到强化主题思想的作用。文中凡有引文的内容，引文部分必须前后加上引号。原文引用的两种形式如下。

①行中引。有两种具体引法，一种是引文部分在行文中本身可构成完整意思的，要在引文后的引号内引用原文的语句终止符号(句号、感叹号、问号等)。例如：

> 邓小平视察南方谈话对社会主义本质做了新的概括，即“解放生产力，发展生产力，消灭剥削，消除两极分化，最终达到共同富裕”。这五句话有着极其丰富的科学内涵……

另一种是引文本身不能构成行文中的完整意思，须与自己的阐述结合在一起，才达意周详的，则引文时只加引号，无论原文原有的标点是什么，引号内都不要添加标点，在引号之外使用标点符号。例如：

> 五句话揭示了三个层次的内容：一是“解放生产力，发展生产力”，核心是发展；二是“消灭剥削，消除两极分化”，核心是公平；三是“最终达到共同富裕”。

②提行引。这种形式一般只有在需要强调、突出、关注的场合才采用，其目的在于引起读者的警觉和注意。提行引的引文，誊写时要前后各空两格，首行空四格。前后不必加引号。为醒目起见，印刷时引文的字号、字形应与文章内容有所区别。

引用原文要注意两点：一是行中引要注意语言的连贯性以及必要的解释和说明；二是引文之后要用序号或括号注明引文的出处。

(3)引用原意。当引用的原文文字量较多，或综合多人相同的意见时，引用原意可以不用引号，而只用冒号，有时也可以用逗号。例如：

> 2025年中央一号文件提出，以改革开放和科技创新为动力，巩固和完善农村基本经营制度，深入学习运用“千万工程”经验，确保国家粮食安全，确保不发生规模性返贫致贫，提升乡村产业发展水平、乡村建设水平、乡村治理水平，千方百计推动农业增效益、农村增活力、农民增收入，为推进中国式现代化提供基础支撑，并就持续增强粮食等重要农产品供给保障能力、持续巩固拓展脱贫攻坚成果等工作作出六方面部署。

引用原意，要注意完整理解原作者的观点，并融合于行文的思想表述中。虽然不加引号，但要注明其原意引自何处。

2. 引文的基本要求

(1)精确。引文是论证的辅助手段，不管在什么情况下，它都不能完全代替引用者所要表述的思想。一篇论文不用引文未尝不可，但如果引用过多，则容易使文章零散、杂沓，影响主体内容的连贯性和完整性，不利于思想淋漓畅快地表达。同时，连篇累牍尽是别人的东西，还会引起读者的猜疑和不快情绪。好的文章，应尽量多使用自己的语言。只有在非引用不可，引用了确有效果，或用自己的话解释效果不佳，或那些权威性的言论和令人信服的证据之类不引不足以说清问题，或为了争辩的需要时才采用。一般情况下可不必采用。所谓精确，就是要少而恰当，把最精彩、最恰当的引文，用于所需引文的最关键之处。

(2)完整。引文是取别人的观点来证明和解说自己的思想，所以，必须忠于原意。不管是引用原文还是引用原意，都要作完整的表述。特别是成段地引用原文、原意时，只有自己真正理解了，完整把握了，才能引用。不能为了装潢门面，显示高深而不加咀嚼地摘取只言片语，更不能为了某种目的而断章取义地引用。

(3)贯通。引文的内容，在文章中作观点使用时，可以不做解释、说明，但作为论据使用时，则必须加以适当的阐释，使其内容与自己表达的思想合拍、融会贯通起来，使其语气、格调与前后的文字甚至全文和谐一致。不可采取贴标签的方法。引文为引文，自述为自述，彼此界限分明，格格不入。

（二）注释

为了注明引文的出处，或解释文章中的某些内容，如为了解释题名和作者，可用注释。

1. 夹注

夹注又称随文注，即紧随需注文字，加小括号对其注释。加注引文，只需注出作者、文献名、年代和页码等要素。常采用以下几种形式：

(1)(作者姓名，年代：原文页码)。例如：

> 不仅盐分胁迫可使脯氨酸含量变化(阎秀峰，2000：101)，而且在水分胁迫中也起到重要的调节作用。

(2)作者姓名(年代：原文页码)。例如：

> Eymery 等(1999：56)用免疫细胞定位法发现马铃薯植株的两种叶绿体干旱胁迫诱导蛋白 CDSP32 和 CDSP34 是在水分亏缺时合成的。

(3)(作者姓名，年代)。例如：

> 在干旱胁迫下 ABA 积累会影响脯氨酸水平(李玲，1991)，使烟草叶片脯氨酸含量提高(汪耀富等，1996)。

(4)作者姓名(年代)。例如：

> Koonul(2000)指明用标准分离叶绿素体程序分离复苏植物引起类囊体膜的损伤。

2. 脚注

脚注的方法是在需注部分最后一个字右上角加一角标，把注文写在同页页脚处。如果一页只有一条注释，上角标一般用梅花体符号(＊)；如果一页有两条以上注释，上角标用带序数的圈号，如①、②、③等，圈内序数要以页为单位独立编排。注文的上边要左顶格画一条 10 格长的横线，以与正文隔开。例如：

> ……在选择上述思考单位时，我们还可以问自己：(1)这个单位的结构是什么[①]？(2)这个单位出现的频率是多少？(3)导致这个单位发生的原因是什么[②]……

---

① "结构"在这里指的是一个事物内部各组成要素之间相对确定的关系，是如下三个要素的统一：一定的构成部分、各部分在时空上相对稳定的秩序、各部分之间相互联系与相互作用的方式和规则。

② ……

3. 尾注

尾注也叫篇末注。方法是先在需注释处加方括号上角标，括号内序数按先后顺序全文统一编排，如[1]、[2]、[3]等。然后，按先后顺序在文章末尾逐一写出注文。注文前要写“注释”二字。例如：

……什么是价值？“‘价值’这是个普遍的概念，是从人们对待满足他们需要的外界事物的关系中产生的。”[1]因此……[2]……

注释

[1]唐晓杰：美国优秀教师知识和技能的标准，教育时报，1998，10，10。

[2]……

注释要简明、准确，并尽可能用夹注。必要时可以夹注与尾注与脚注配合使用，但尽量避免在一篇文章中既使用脚注，又使用尾注。

（三）著录

写作一篇农业科技文章，往往要参考很多文献，为了表示对他人劳动的尊重和谢意，同时也为了反映文章的科学依据和向读者提供所参考的文献出处，应根据需要，在正文之后列出参考文献（见项目四参考文献写作训练）。

二、文稿修改

写出文章的草稿，只是整个文章写作的第一步，对草稿进行认真、细致的修改完善，是文章写作的重要步骤。严格地说，唯有经过修改才能使草稿这个“毛坯”成为精品文章。

（一）文章修改的重要性

即使是经验丰富、水平很高的农业科技工作者，写出的大多数文章初稿也是不完美的。至于那些初写农业科技文章的作者，初稿中的问题更是难免。因此，修改草稿对文章写作来说是必不可少的。这是因为，文章是客观事物的反映，客观事物是丰富多彩、千姿百态、曲径幽深、精微奥妙的，人的思想很难一下子把它准确、精要、细腻、周到地反映出来。从认识论来说，人们对客观事物的认识不能一次完成，要全面地认识一种事物，必须经过一个由低级到高级，由局部到全面，由浅入深，由表及里，由此及彼的认识过程。人的思维活动的规律是螺旋式上升，对客观事物的认识只能一步步、一次次地无限接近。因此要使文章尽可能完美地反映客观事物，必须对草稿进行反复的修改。

修改文章不仅是为了对社会负责，对读者负责，也是对作者本人负责。发表文章的目的之一就是总结研究成果，交流学术经验，促进社会进步。一篇文章，尤其是价值较高的文章，小则影响本县、本省，大则影响全国，乃至国外。不经推敲，仓促发表的文章，谬误必然难免，这就必然给社会造成不良影响。

（二）文章修改的基本方法

随着人工智能快速发展，借助 AI 写作工具提高办公效能已成为社会共识。比如，借助 DeepSeek 等 AI 写作工具，可以高效辅助文章修改，提升写作效率。这类工具通过智能分析，优化语言表达、语法、拼句和逻辑结构，提供专业的修改建议。然而，AI 的本质是辅助工具，无法替代作者的原创思想和核心观点。文章的主题立意、创新思维和个人风格仍需由作者本人掌控。AI 的作用在于帮助作者更好地呈现和精细化表达其思想，而非替代创作本身。科技与思想相结合，才能打造更具深度的优质文章。

在日常工作中，传统的文章修改方法仍然被广泛采用，主要有：

1. 读改法

草稿写成之后，多看（默读），多念（朗读）是修改文章的一种简单易行、效果明显的方法。文章中的很多问题一读就可以发现，特别是文字表述方面的问题，像语句不通、衔接不紧、声调不谐、缺词少字等一读就可以发现问题。

2. 冷却法

文章写成之后，不要马上拿出去，最好放一放。因为放一放以后，作者的情绪、思路都会和以前有所变化，头脑更清醒，更冷静。有些毛病，不用别人指出，自己就能很快发现。往往有这样的情况，原以为很满意的字句，或表述方式，过了几天之后，自己就觉得别扭，不得不修改。再者，过一段时间后，作者会以评论者的身份，来客观地看自己的文章，这时，文章得失自己往往看得很分明。

3. 求助法

文章写好之后，送给别人看看，尤其是送给专业业务上或文字修养上比自己强的人看看，虚心向别人请教，听听别人的意见，对文章写作很有益处。因为一个人对客观事物的认识难免有片面性，有些在别人看来明明是很别扭的地方而自己往往不易发现。请别人看自己的文章，或因站的角度不同，或因对问题的认识深浅程度不同，往往能提出很多好的意见。

4. 讨论修改法

一些内容复杂的科技文稿，可以组织有关人员进行集体修改。先就文稿的内容和形式进行认真的讨论和研究，提出具体的修改意见，然后确定专人汇集整理大家看法并进行必要的修改。修稿、核稿要遵循“多就少改”的原则。如果原稿表达方式和语言风格与核稿人员不一样，核稿人员不能一味强求，以“我”为准，将文稿都按自己习惯的表达方式来撰写，而应以原稿的语言风格、表达方式等进行修改。

（三）修改的基本手段

文章修改手段有增、删、改、调、换、核、润 7 种。

1. 增

增就是增加、补充。节、段缺少，结构不全，或材料不足，论据单薄，或缺数丢字，语句不整，都应增加、充实。

2. 删

凡与主题无关或关系不密切的节段，或使文章显得累赘、臃肿的材料，或可有可无的字句，都要坚决压缩，大刀阔斧地砍掉。两个材料就能足以证明观点，坚决不用三个，一句话能说明问题的，坚决不用两句。只要内容表述清楚了，多一句话，多一个字都是多余的。

3. 改

凡有写错的文字、数字、符号或标点；凡是有错误的图、表、画。凡是议论、叙述、说明、描写不正确；凡用的公式、定理、概念不合要求等，都要认真改正。

4. 调

调主要是指前后顺序的调整。凡是出现节、段顺序，材料顺序，图、表、画、像顺序等不利于反映文章主题的，都要进行调整。通过调整，使各部分相互协调，排列有序。

5. 换

草稿中的内容若有误或表现力不强就要去此换彼，弃劣换优。

6. 核

对引用的文字、数据、图表、计算过程及结果等要进行认真反复地检查核对，确保准确无误。

7. 润

润就是文字润色。农业科技文章不仅要求表述准确，还要求表述鲜明和生动。科学的内容加上优美的文字表述会使文章熠熠生辉。

任务实施

对上一任务完成的 1 500 字以上研究分析报告再进行引文著录的必要性和规范检查，使用 4 种文稿修改方法，对文章进行再次修改完善。同时，对比文稿前后修改情况，写一份 500 字以上的文稿修改说明，一篇 500 字以上的修改心得体会。

任务评价标准

按 5 人为一小组，每人交流汇报撰写研究分析报告的收获和修改心得体会。评价标准：

(1)撰写研究分析报告的收获度(20%)；

(2)对文章引文著录作用和规范引用的认识(30%)；

(3)对文章修改方法应用的心得收获(30%)；

(4)对正确使用 AI 写作工具辅助写作的认识(20%)。

知识训练

一、思考题

思考题参考答案

1. 引文在农业科技文章中的作用是什么？请结合具体实例说明其重要性。

2. 关键词引用与原文引用的区别是什么？在写作中如何选择恰当的引用方式？

3. 引文的基本要求包括哪些？如何确保引文在文章中与上下文逻辑贯通？

4. 注释的常见形式有哪些？在不同的写作场景中如何选择合适的注释方式？

5. 文章修改的重要性是什么？请结合个人经验或案例进行分析。

二、填空题

1. 在农业科技写作中，通过引用关键词可以____________，例如引用“驴耳朵”形象地描述了冬小麦的苗情。

2. 原文引用分为____________和____________两种形式，其中提行引需要前后各空两格，首行空四格。

3. 引文的基本要求包括____________、____________、____________。

填空题参考答案

4. 夹注的常见形式是(作者姓名，____________：原文页码)，例如(阎秀峰，2000：101)。

5. 修改文章时，____________法通过朗读或默读发现语言问题，____________法则通过放置一段时间后重新审视进行修改。

6. 注释的形式包括____________、____________、____________，其中____________通常位于文末。

项目 3

农业常用科技应用文写作训练

项目导学

科技应用文是一种专业性应用文，它是科技工作者在科技管理工作和科学研究活动中交流信息、处理事务、实现科技工作目的时经常使用的具有一定惯用格式的实用性文体。构成科技应用文的要素有3点：一是它的专业性，其所反映的内容必须与农业科技有关，这是科技应用文与其他应用文的根本区别；二是它的应用性，即直接应用于农业科技业务活动和农业科技管理工作之中；三是有一定的惯用格式。凡同时具备这三个要素的文体都应属于科技应用文的文体范畴。

随着科学技术飞速发展，科技应用文涉及范围越来越广，种类越来越多。我们可以按照科技活动的进程，如科技工作管理、经营管理，以及科技活动准备阶段、进行阶段和终结阶段对科技应用进行分类。

科技工作管理、经营管理中的应用文，工作管理中常使用命令、指示、决议、请示、通报、简报、会议纪要等。经营管理中常使用产品说明书、使用维护指南、科技产品广告、产品目录等。

科技活动准备阶段的应用文，包括项目建议书、科研项目申请报告、可行性研究报告、科研计划书、工作计划、生产计划、试验计划、技术合同等。

科技活动进行阶段的应用文，包括科研项目进度(中期)报告、试验报告、工作总结、技术总结等。

科技活动终结阶段的应用文，包括科研成果申报书、科技成果鉴定证书、专利申请文件、技术规程、技术标准等。

在本教学项目中，重点就农业类高职、职业本科毕业生就业岗位常用的10种科技应用文体进行写作要点大学习和训练，掌握写作规范和技巧。

学习目标

知识目标

1. 准确描述不同文体农业科技应用文写作的分类方法与基本要求；

2. 准确描述科技经营管理工作常用的"请示""农业科技产品说明书""生产管理简报"3种文体的一般格式、相关规范、写作要点和写作技巧；

3. 准确描述农业生产计划、项目推广计划、工作计划、学习计划和试验方案制订等科技计划类应用文体的一般格式、相关规范、写作要点和写作技巧；

4. 准确描述农业科技合同(协议)的一般格式、相关规范、写作要点和写作技巧；

5. 准确描述农业科技项目申报书编制的一般格式、相关规范、写作要点和写作技巧。

技能目标

1. 能规范撰写科技经营管理工作常用的"请示""农业科技产品说明书""生产管理简报"；

2. 能规范撰写农业生产计划、项目推广计划、工作计划、学习计划和试验方案等计划类应用文体；

3. 能初步规范起草农业科技合同(协议)；

4. 能初步规范编制项目申报书；

5. 能借助AI写作工具、法律文书工具等辅助完成写作任务。

素质目标

1. 增强在"三农"工作中的法律意识、契约精神培养,深化服务"三农"情怀；

2. 深化对国家"三农"支持政策的了解,强化立志"三农"决心；

3. 培养事前调查研究,做好计划、规划,有效规避风险的综合品质。

知识图谱

- 农业常用科技应用文写作训练
  - 科技工作管理、经营管理中常用文体写作训练
    - 请示写作基本要求 — 请示写作的格式、注意事项
    - 产品说明书写作基本要求 — 农业科技产品说明书的作用、写作格式与要求、写作注意事项
    - 生产管理简报写作训练 — 生产管理简报的类别、特点、编写要求
    - 技能训练 — 请示、农业科技产品说明书、生产管理简报写作训练
  - 计划类应用文写作训练
    - 计划类应用文基本知识 — 计划的定义、作用、特点
    - 科技计划的分类 — 计划的种类（文件式、条文式、表格式）、计划的名称（规划、纲要、设想等）
    - 科技计划的一般格式 — 计划的标题、正文、落款
    - 科技计划的写作要求和注意事项 — 现状分析、全局部署、措施可行性、语言表达
    - 农业生产计划写作要点 — 调研分析、指标清晰、可调整性、表现形式
    - 项目推广计划写作要点 — 计划指标、主要措施、经费物资、主持与协作单位
    - 工作计划写作要点 — 工作内容、方法、执行实施、进度安排
    - 学习计划写作要点 — 全面考虑、时间安排、长短期计划、实际出发、留有余地、效果调整
    - 试验方案制订要点 — 试验目的、基本情况、设计内容、调查内容与方法
    - 技能训练 — 制订条文式和列表式的玉米制种生产计划、玉米新品种推广项目技术、岗位实习工作计划和学习计划
  - 合同（协议）起草签订技能训练
    - 合同（协议）的概念 — 合同与协议定义、合同与协议区别、农业科技合同（协议）需求
    - 写作格式要求 — 标题构成规则、立合同（协议）双方标识、正文主要条款概述
    - 正文条款详解
      - 购销合同条款细节 — 标的定义、数量和质量规定、价款与酬金说明、履行期限、地点和方式、违约责任约定、其他必要条款
      - 科研协作合同（协议）条款细节 — 项目名称说明、技术经济要求内容、明确进度、协作方式规定、经费和物资概算、报酬支付条款、违约责任约定、其他事项补充
    - 署名与签约日期 — 签署单位与代表签字
    - 签订原则 — 合法性原则遵守、资格性原则要求、平等性原则遵循、信守合同原则执行、等价有偿原则贯彻、周全准确原则应用
    - 技能训练 — 签订制种合同模拟训练
  - 项目申报书写作训练
    - 项目类科技应用文概述 — 科技项目申请书定义、项目申报书的作用
    - 项目类科技应用文特点 — 针对性强、规范化表格体式、时效性强、竞争性强、论述性强、语言简明准确
    - 项目类科技应用文分类 — 科技活动准备阶段、科技活动实施阶段、科技成果管理阶段
    - 项目申报书内容结构 — 封面信息、项目概况与目的意义、项目内容、技术与指标、现有条件、主要措施、地点、规模与进度、经费概算与来源、关键设备与材料购置、承担与协作单位、项目负责人与参加人员、主管部门审查意见等
    - 技能训练 — 编制农业农村资金支持项目申报书

任务 1

科技工作管理、经营管理中常用文体写作训练

学习任务描述

在农业科技工作管理中经常会涉及请示、通报、简报等管理公文的写作任务，在农业科技经营管理中经常会涉及产品说明书、使用维护指南等文档的编撰。在本学习任务中，对“请示”“农业科技产品说明书”“生产管理简报”3 种文体进行写作规范学习和写作技巧训练。

相关知识

一、请示写作基本要求

请示是下级向上级机关请求指示、批复或批准时使用频率极高的一个上行文种、公文。

请示按其行文目的、作用的不同，基本分为两类：一类是直请性的请示，即直接向自己的上级部门或指导机关请求指示或批准某事项的处理日常业务办公的请示；另一类是批转性的指示，即把有关某一方面工作的意见，以请示上报给上级机关，要求批转给有关单位予以办理的事务性请示。

（一）请示写作的格式

1. 标题

发文部门＋事由＋请示，发文部门有时可以省略。写标题时要注意，不能将“请示”写成“报告”或“请示报告”，正文中也不要出现“申请”“请求”之类的词语。

2. 正文

（1）请示的缘由。是指请示事项和要求的理由及依据。要先把缘由讲清楚，然后再写请示的事项和要求，这才能顺理成章。缘由很重要，关系到事项是否成立，是否可行，当然也关系到上级机关审批请示的态度。因此，缘由常常要十分完备，依据、情况、意义、作用等都要写上。最后一句话一般为“为此，请示如下”。

（2）请示的事项。包括办法、措施、主张、看法等。请示的事项，要符合法规，符合实际，具

有可行性和可操作性。因此，事项要写得具体、明白。如果请示的事项内容比较复杂，要分清主次，一条一条地写出来，条理要清楚，重点要突出。注意，请示的事项比较简单，可以和结语合为一句话。

3. 结束语

多用“上述意见，是否妥当，请指示”“特此请示，请予批准”“以上请求，请予审批”“以上请示，请予批复”“以上请示，如有不妥，请批转各部门执行”等语。

4. 落款

落款为请示的单位或请示人，以及请示的时间。

（二）注意事项

（1）一文一事。一份请示只能写一件事，这是实际工作的需要。如果一文多事，可能导致受文部门无法批复。

（2）单头请示。请示只能主送一个上级主管部门。如果需要，可以抄送有关部门。这就可以避免出现推诿、扯皮等现象。

（3）不越级请示。

（4）不抄送下级。请示是上行公文，行文时不得同时抄送下级，以免造成工作混乱，更不能要求下级部门执行上级部门未批准和批复的事项。

例文

例文 1——业务办公请示：

关于销售人员奖励办法的请示

销售部经理：

根据公司加快拓展市场的有关会议精神，销售部为调动一线开发玉米品种市场销售人员的积极性，在充分考虑各经销处开拓市场时的区域交通、资源组织、物流等差异性的同时，充分体现销售部由规模数量型向质量效益型转变的精神，特制定以下奖励政策：

……

以上请示，请予批复。

销售部办公室

二〇二二年××月×日

例文 2——事务性请示：

关于在全国开展基本农田保护工作的请示

国务院：

为全面贯彻落实党的十三届八中全会精神，巩固和发展划定基本农田保护区这项工作成果，拟在全国推广这一做法。具体意见如下：

一 、明确指导思想，加强组织领导……

二、根据不同地区确定保护重点……

三、建立基本农田的保护制度及地方补偿制度……

以上请示，请予批复。

国家土地管理局

一九九一年一月二日

二、农业科技产品说明书写作基本要求

（一）农业科技产品说明书的作用

农业科技说明书，是向广大用户介绍农业科技产品特征、结构原理、应用范围和使用技术等的文字材料。它的主要作用有：

(1)宣传的作用。它通过对产品各个方面的详细介绍，向人们宣传产品，增加人们对产品的了解和认识。

(2)技术指导的作用。产品说明书中有对产品使用方法的介绍，告诉人们如何使用产品。

(3)推销员的作用。随着农业科学技术的进步和商品经济的发展，越来越多的农业科技产品正成为商品，进入千家万户，产品说明书兼有推销员的作用，通过宣传广告，加深消费者对产品的了解，加速商品流通，提高经济效益。

(4)情报作用。高水平的农业科技产品说明书，其数据可靠，技术成熟，具有重要的参考价值，是重要的农业科技情报。

（二）农业科技产品说明书写作格式与要求

农业科技产品说明书大致可以分为完整型和简约型两种。完整型的可以是一本书，简约型的可以是几句话、几行字。

1. 完整型的农业科技产品说明书

完整型的农业科技产品说明书通常由封面、目录、引言或概述、正文、封底几部分构成。

(1)封面。封面内容包括产品的标准名称、实物照片或外形图、商标、产品型号、生产单位、厂址等。封面设计要光彩夺目，引人入胜 。

(2)目录。目录的主要作用是标明各主要项目名称及其所在页码，以方便用户查阅。有的产品说明书可以不附目录。

(3)引言或概述。概括地介绍产品的适用范围、适用对象、性能特点等。

(4)正文。农业科技产品说明书的正文通常由原理、主要技术指标、结构特点、使用方法、保养维修和其他方面构成。

①原理。简要介绍产品是根据什么原理设计的，特殊部分作详细介绍。介绍产品原理，目的是加深对产品的了解，满足人们对产品追根究底的需要，为用户提供理解操作方法和自行修理服务。例如，某一播种机产品说明书这样写设计原理："本机根据宽窄行、深开沟、浅匀播、高培土、压小蘖的原理而设计。"

②主要技术指标。要写出产品的主要特征或主要性能参数。例如，某播种机说明书这样介绍其技术指标："A. 机重：35 kg 。B. 效率：沟播日进度 15 亩。C. 有关调整范围：行距：10～50 cm；株距：小麦 6.6～15 cm；大豆 13.3 cm。播种量：小麦 3～12 kg/亩；大豆 2.5 kg/亩。"

③结构特点。通常是以实物图、剖面图配合文字对产品结构进行介绍的，以便读者对产品

有一个完整的认识。

④使用方法。有的也称操作说明。要按操作程序逐项介绍操作要领，必要时还要指出操作注意事项。操作说明一般都是图文配合，力求清楚、明白、让人一看便知。

⑤保养与维修。主要介绍产品的保养方法，以及常见的故障及排除方法。

⑥其他。有的产品说明书还附有原理图、零件表、安装说明书、调试说明书等。

(5)封底。封底正中要醒目地标明产品商标，注明厂址、电话号码、传真号码、邮箱、开户银行及银行账号等。

2. 简约型的农业科技产品说明书

简约型的农业科技产品说明书不像完整型那样面面俱到，它只根据需要选择完整型说明书中的几项内容进行介绍，长的上千字，短的可以只有几十、上百个字。农作物品种说明书大多是简约型的说明书，按照《农作物种子标签通则》(GB20464—2024)规定，种子产品使用说明应包括以下内容 ：

(1)品种名称及概况。主要包括品种名称、杂交组合、选育单位和时间、适用范围、审定命名时间和单位等。

(2)品种主要性状。主要介绍品种连续几年的区试，示范的产量结果，生育期，抗病性，冬春性等特性指标和株型、株高、品质、粒重等特征指标。

(3)主要栽培措施。主要包括播期、播种要求、田间管理措施等，主要内容应当与审定或登记公告一致。

(4)适应性。该品种在适宜种植地区内不同年度间产量的稳定性、丰产性、抗病性、抗逆性等特性，标注值不得高于品种审定、登记公告载明的内容。审定、登记以外作物适应性的说明，参照登记作物有关要求执行。

(5)风险提示。包括种子贮藏条件以及销售区域主要病虫害、高低温、倒伏等因素对品种引发风险的提示及注意事项。

(6)咨询服务信息。种子生产经营者信息、咨询服务信息等。

除前款规定内容外，有下列情形之一的，还应当增加相应内容：属于转基因种子的，应当提示使用时的安全控制措施；使用说明与标签分别印制的，应当包括品种名称和种子生产经营者信息。

（三）农业科技产品说明书写作注意事项

1. 内容科学

农业科技创新产品本身就是一项农业科技创新成果，产品说明书对其进行介绍必须符合科学性的要求。要如实地对农业科技产品的各个方面进行介绍，不能夸大其词，言过其实。只有抓住产品的科学本质进行介绍，才能合乎实际，经得起实践的检验，取得用户的信赖。

2. 图文并茂

逼真的图画、照片，尤其是新颖明快、赏心悦目的彩色图画、照片能给人以美感，再配之以流畅优美、言简意赅的文字说明，更能够加强产品的宣传效果，使人们尽快全面地认识产品。

3. 有条有理

用户认识产品有一定的递进程序，产品说明书应以此程序有条有理地对产品的用途、性能、使用和保养逐一进行介绍。尤其是对产品使用方法的介绍，更应按操作程序介绍，不可前后倒置。

4. 实用性强

产品说明书是为用户使用产品服务的，旨在使用户对产品有所了解，进而能够正确地使用产品，故产品说明书不能写成研究报告或学术论文。突出实用性是农业科技产品说明书的一大特点。

5. 样式灵活

产品说明书的样式可以不拘一格，灵活多样。规格上可以是 16 开、32 开、50 开、64 开等。装订上可以用单页、活页、卡片、折叠式、书本式等。印刷上可以是油印、彩图、彩印、塑面烫金等。

6. 适应读者

要注意两点：第一，大多数农业科技产品都是面向农村，为农民所用，因此，大多数农业科技产品说明书应该浅显明白，通俗易懂，让群众一看便知。只有那些为文化层次较高的人服务的产品说明书才可写得深一些。第二，对于外销产品，多数情况应以英文说明，或中英文对照说明，但也不要千篇一律，要根据产品的销售区域，因地制宜地选用语种对产品进行介绍，以方便用户，宣传推销产品。

例文

例文 1——完整型农业科技产品说明书：

（封面）

KF-1A 型水分测定仪使用说明书

中国×××仪器厂

（内页）

一、原理

本仪器为卡尔·费休(Kart Fischer)容量滴定法测定水分含量的仪器，采用“永停法”来确定终点。

根据半电池反应：$I_2+2e \Leftrightarrow 2I^-$

……

反应式：……

根据滴定反应中所消耗的卡尔·费休试剂量来算出样品中水分的含量。

二、仪器性能及适用范围

1. 仪器性能

(1)测量范围：$30\times10^{-6}\%\sim100\%$。

(2)以水为标样，测定卡尔·费休试剂的水当量，平行测定相对误差≤3%。

(3)电源电压(V)：交流 220×(1±10%)。

2. 适应范围

本仪器主要用于测定化肥、医药、食品、轻工、化工原料以及其他工业产品中的水分含量。

……

测定水分含量在 0.1%～10%时，选用 10 mL 滴定管(最小分度值为 0.05 mL)。

……

本仪器性能好，使用方便。已被许多行业推荐为贯彻国家标准的测试仪器。

三、仪器特点

本仪器包括滴定及终点指示两个主要部分。主要特点有：

(1)电源电压为交流 220 V，经变压整流，稳压，保证二次仪表的稳定可靠。

(2)电磁搅拌器选用优质直流电机，搅拌速度可以任意调节。

……

四、仪器主要部件规格

(1)反应瓶 1 只，铂电极 1 支，滴定管 2 套，双连球 1 只，小干燥管 2 只，电源线 1 根。

(2)称样管 5 个、磁铁棒 1 个、乳胶管 1 根、橡皮塞 2 只、玻璃珠 10 粒。

(3)仪器尺寸(mm)：345×250×140(长×宽×高)。

五、操作方法

(一)开机准备工作

(1)打开包装箱，如图(略)安装好仪器。

(2)将电极头两根铂丝平行分开，一端插入五口反应瓶电极接口处，另一端的插头插入电极插座。

(3)用乳胶管连接五口反应瓶和滴定管，并在乳胶管中放入一个玻璃珠。

……

(二)测量方法

(1)滴定甲醇的水分。(确定终点)用手按动滴定管上的滴定玻璃珠，用卡尔·费休试剂滴定甲醇中的水分，此时电流表指示数值开始上升，随着卡尔·费休液不断滴入，电流表指示数值会逐步增大，反应瓶中的液体颜色也会由浅色转为棕色，当电流表接近 45～48 A 处，并基本不变，即可认为此值为滴定终点值。

(2)标定卡尔·费休试剂。

……

(3)百分含量计算。

$$\text{百分含量}=\frac{T\times V}{G}$$

式中：V—滴定消耗卡尔·费休试剂的体积(mL)；

T—卡尔·费休试剂滴定度；

G—样品的重量(mg)。

六、安全维修

(1)卡尔·费休试剂具有腐蚀性，操作时应加以注意，避免试液溅洒仪器表面造成腐蚀。

(2)标准磨口均应涂有硅脂，并经常转动。

……

七、一般性故障处理

(1)当仪器开关置于“校正”处，若表头无反应，则检查波段开关、校正电位器以及表头接线是否脱开。

(2)当仪器开关置于“测量”处，滴定终点时，若表头指针无反应，则检查电极是否脱焊或断线。

(3)使用一段时间后，如发现表头灵敏度降低，则应将铂电极浸入稀硝酸溶液中 24 h，然后取出，用清水漂洗，滤纸拭净。

（封底）

地址：×××

电话：×××

账号：×××

服务热线：×××

网站：www.×××.com

例文2——简约型农业科技产品说明书：

×××品种介绍

一、作物种类

作物种类为玉米，品种名称为×××。

二、审定信息

(1)审定时间：2017年。

(2)审定编号：国审玉20176018。

(3)选育单位：×××种业科技股份有限公司、×××农林科学院玉米研究中心。

三、品种来源

京X005×京147。

四、特征特性

1. 春季种植

(1)春播生育期130 d，熟期与对照品种先玉×××相当。

(2)幼苗叶鞘深紫色，叶片深绿色，叶缘紫色，花药浅紫色，颖壳绿色，雄穗分枝3～5个。株型半紧凑，株高305 cm左右，穗位115 cm左右，全株19～20片叶。

(3)花丝浅紫色，果穗筒型，穗长21 cm，穗粗5.2 cm左右，穗行数16～18行，穗轴红色，籽粒黄色、马齿型，百粒重37.5 g。

(4)接种鉴定，抗茎腐病，中抗丝黑穗病、穗腐病，感大斑病、灰斑病。籽粒容重760 g/L，粗蛋白质9.79％，粗脂肪3.75％，粗淀粉76.17％，赖氨酸0.34％。

2. 夏季种植

(1)夏播生育期101 d，熟期比对照品种郑单×××早1 d。

(2)株高290 cm左右，穗位105 cm左右，穗长17.8 cm，穗粗4.8 cm左右，穗行数16～18行，百粒重32.5 g。

(3)接种鉴定，中抗茎腐病、穗腐病，感小斑病、弯孢叶斑病，高感粗缩病、瘤黑粉病。籽粒容重746 g/L，粗蛋白质8.50％，粗脂肪3.76％，粗淀粉75.92％，赖氨酸0.32％。

五、产量表现

(1)2014—2015年参加东北中熟区域试验，两年平均亩产858.8 kg，比对照增产6.9％；2016年参加生产试验，平均亩产819.1 kg，比对照先玉×××增产7.0％。

(2)2014—2015年参加黄淮海区域试验，两年平均亩产725.3 kg，比对照增产9.6％；2016

年生产试验，平均亩产 611.5 kg，比对照郑单×××增产 5.1%。

六、种植要点

中等肥力以上地块栽培，春播 4 月下旬至 5 月上旬播种，夏播 6 月上旬播种，亩种植密度 4 000～4 200 株。

七、适种范围

(1)适宜在辽宁东部山区、吉林中熟区、黑龙江第一积温带和内蒙古中东部等东北中熟区春玉米区种植。注意防治大斑病、灰斑病和玉米螟。

(2)适宜在北京、天津、河北保定及以南地区、山西南部、河南、山东、江苏、安徽淮北、陕西关中灌区等黄淮海夏玉米区种植。注意防治小斑病、弯孢叶斑病、瘤黑粉病和粗缩病

八、风险提示

……

咨询服务信息：本种子由×××公司生产，咨询服务电话：××××××。

5XD-10.0 风筛式清选机产品介绍

1. 用途

适用于对小麦、水稻、玉米等农作物种子的清选和分级，也适用于对商品粮及脱绒棉籽等农副产品的加工处理。既可单机使用，也可与其他设备配套使用，是种子加工成套设备中的主要设备之一。

2. 技术特点

(1)橡胶球清筛，换种、换筛、清机方便快捷。

(2)双筛箱采用自衡式结构，提高了整机运转的稳定性。

(3)用改变风机转速的方法调节风量，使整机结构简化，调节平稳、方便。

(4)筛箱底板结构可以转换，使分级能力提高。

(5)筛箱振动频率可调，生产率和分离率可根据需要进行调节。

3. 技术参数

生产率(kg/h)：12 000。

电机总功率(kW)：7.75。

外形尺寸(mm)：3 840×1 950×4 280。

筛箱振幅(mm)：30。

筛箱振动频率(次/min)：280。

筛箱倾角：上筛 4°，下筛 5°。

筛片面积：15 m^2。

三、生产管理简报写作基本要求

生产管理简报是企事业单位内部，或者是在某项中心工作、某次重要会议中用于沟通信息、交流经验、反映情况、汇报工作的期刊式文字载体。其特点是文字短、内容新、反应快、形式活。

（一）生产管理简报的类别

生产管理简报的名称很多，常见的有《×××简报》《×××简讯》《×××信息》《×××动

态》《×××通报》《×××通讯》及《内部参考》《情况反映》等。

（二）生产管理简报的特点

（1）“短”。生产管理简报的篇幅应控制在千字左右，内容集中，语言简洁，而且一文一事，主旨明确集中。

（2）“新”。生产管理简报的内容要新颖、鲜活。事实新、观点新、做法新，能在工作中起到推动作用，具有实用价值。

（3）“快”。报道要迅速。生产管理简报的编写、印发、传递都要十分快捷，具有明显的时效性。

（4）“真”。生产管理简报必须真实，实事求是。任何失真，都会抹杀简报的作用。

（三）生产管理简报的编写

1. 报头

生产管理简报首页上端1/3处由分割线将报头与文稿部分分开，报头由以下4个必备要素构成：

（1）简报名称，一般套红、居中、字体稍大印刷。

（2）期数，印于简报名称正下方。

（3）编印机关，一般为制发简报单位的办公部门或中心工作领导小组及会议的秘书处（组），要求用全称或规范化简称印于分割线左上方。

（4）编印日期，印于分割线右上方，要求年月日齐全。

除以上4个要素外，视简报内容、保密要求，还可以增加简报编号、密级（或使用范围和要求）等要素。

2. 文稿

根据文体性质和文稿来源，简报的体式可分为4种：

（1）报道体。它及时、简明、准确地叙述、报告部门、行业、系统、领域内最新发生的新情况、新动态。其文体十分类似动态消息、动态信息。

（2）汇编体。这是在众多稿源基础上剪辑而成的类似综合消息的简报文体，其信息量大、面广，能做到点面结合反映全局性情况。

（3）总结体。其文章即一般意义的总结，但内容有典型性、有推广价值，编入简报能发挥其指导一般的作用。

（4）转引体。即将其他单位有参考借鉴意义的材料完整地或片段地摘编转引。

各种体式一般都包括以下几部分：

（1）按语。按语是代简报编制机关立言，是对文稿及其使用作出说明、评价，如说明材料来源、转引目的、转发范围，表明对简报内容的倾向性意见及表示对所提问题引起讨论研究的希望等。按语的位置在报头下、标题前。它视需要而使用，并非每篇必有。一般在转引体、总结体及重要的报道体、汇编体等简报前才使用按语。

按语可分3种类型，一是题解性按语，它类似前言，主要对文稿的产生过程、作者情况、主体内容做简要介绍；二是提示性按语，它侧重于对简报内容的理解揭示或是针对当前实践应注意事项的提醒；三是批示性按语，它往往援引领导人原话或上级机关指示并结合简报内容对实际工作提出批示性意见。

(2)标题。根据简报的体式,标题也有不同写法。动态性较强的内容多采用单行式新闻标题,简短明快地交代事实、揭示中心。在总结体简报和其他体式简报中,一般使用文章化标题。

(3)目录。简报文稿通常是一期一篇,根据需要也可以是一期为一组性质接近的文章。如是一组文章,则须在报头下设计"目录"一栏,将各篇文章标题先印于此,然后依次刊出每篇文章。

(4)正文。因体式各异,简报正文格式相去甚远。报道体、汇编体类消息结构往往前有导语,后有主体、背景等;总结体可完整地将"总结"刊于简报;转引体则因所引文章不同,正文或可能是片段章节,也可能是整篇文稿。

3. 报尾

在简报末页下 1/3 处用分割线与文稿部分分开,分割线下与之平行的另一横线间内标本期简报的"报、送、发"单位名称,右侧注明本期印数。

例文

农情简报

第 73 期

(总第 328 期)

×××县农业农村局　2024 年 8 月 30 日

★

×××县十项措施抓好秋冬季农业生产工作

×××县委、县人民政府认真贯彻近期州直秋冬生产工作会议精神,切实将秋冬农业生产工作摆上重要议事日程,于 8 月 27 日组织各乡镇场和涉农相关部门领导召开了全县秋冬农业生产动员会议,要求各乡镇场抢抓农时、不误农时,切实抓好秋冬季农业生产各项工作。

具体从十项措施抓好落实。一是强化组织领导。各乡镇场成立秋冬种生产领导小组,制定秋冬种生产意见和方案,加强宣传,建立秋冬种生产督导机制。二是狠抓面积落实。将秋冬种面积分解到各乡镇场,确保面积任务落到实处。三是普及小麦增产技术和种子包衣技术,抓好测土配方施肥技术推广。四是抓紧落实良种。及时组织调运小麦良种,组织好种源,确保市场供应,确保种子质量安全。五是抓好冬小麦高产创建示范区建设,做到示范区面积落实,各项技术措施到位和精耕细作田间质量标准要求。六是搞好科技服务。动员和组织广大技术人员深入乡村和田间地头,广泛开展思想发动和技术服务工作,把信息、技术带给农户,层层举办技术培训班,印制高产栽培技术资料发到农户手中,指导群众搞好农业生产。七是加强农业综合执法。切实加大对冬作物种子、化肥、农药市场监管力度,严厉打击违法、违规经营行为,为今年秋冬农业生产营造良好的外部环境。八是抓好温室蔬菜秋冬生产,积极引进新品种新技术,提高温室种植效益。九是水利部门协调做好冬灌工作,全力保障各乡镇场秋冬农业灌溉用水。十是农业部门要抓好样板示范点建设,加大宣传力度,大力宣传秋冬开展农业生产的好处,把国家的优惠政策宣传到农民,充分调动广大农民群众的生产积极性,迅速掀起秋冬季农

业生产高潮。(×××供稿)

送:州农业农村局、县委、人大、政府、政协、纪检委

发:组织部、宣传部、农办、机关工委、效能办、广电局、质监局、财政局、发改委、扶贫办、科技局、各乡(镇)场

责任编辑:××× 编辑:×××

任务实施

任务一

在学习"请示"写作基本要求的基础上,以以下请示事项为例,借助AI写作工具拟定一份请示报告。

请示事项:你在公司今年负责1 000亩棉花的生产管理,公司原计划全部种植新陆旱×××号。现石河子某棉花研究所谋求合作,与你协商在1 000亩地上种植200亩机采棉花新品系×××高产示范田,同时提出免费供种和每亩保3 500元产值的担保。你经过成本核算和产值效益比较,认为可以合作,需要你给公司生产部陈总经理提请书面请示报告。

任务二

在学习《农业科技产品说明书》写作基本要求的基础上,在网上收集主要粮食作物近年来新审定的某品种生产示范相关材料,借助AI写作工具撰写一份该品种简介。字数不超过800字。

任务三

近期官方报道,2024年新疆小麦生产取得了显著成绩,小麦单产和总产量均创历史新高。新疆粮食单产达到524.8 kg/亩,高于全国平均单产130 kg,居全国第一。此外,新疆冬小麦百亩、千亩、万亩连片单产分别创出795.8 kg/亩、756.2 kg/亩、720.4 kg/亩的全国大面积高产纪录。在学习《生产管理简报》写作基本要求的基础上,根据以上素材,撰写一份新疆小麦单产创新高的信息简报。

任务评价标准

(1)写作格式和行文表述规范(20%);

(2)内容表述准确(30%);

(3)内容清晰流畅,易于阅读(30%);

(4)篇幅合理,内容精练(20%)。

知识训练

一、思考题

思考题参考答案

1. 请示按其行文目的和作用分为哪两类？简要说明这两类请示的主要区别。

2. 农业科技产品说明书的主要作用有哪些？结合实际例子说明其重要性。

3. 生产管理简报的特点是什么？请结合其“短、新、快、真”的特点，分析其在企业管理中的作用。

二、填空题

1. 请示的标题通常由__________、__________和“请示”三部分构成。
2. 请示的正文中，__________部分需要详细说明请示事项的理由和依据。
3. 请示的事项必须符合__________、__________和可操作性的要求。
4. 农业科技产品说明书的主要作用包括宣传作用、技术指导作用、推销员作用和__________。
5. 完整型农业科技产品说明书的正文通常由__________、主要技术指标、使用方法、__________和保养维修等部分构成。

填空题参考答案

6. 生产管理简报的报头部分包括简报名称、__________、__________和编印日期四个必备要素。
7. 简报的按语可以分为__________、__________和批示性按语三种类型。
8. 生产管理简报的文稿部分通常包括__________、标题、__________和正文四部分。

任务2

计划类应用文写作训练

学习任务描述

“凡事预则立，不预则废”，我们在日常学习、生活和工作中，凡事都要提前做好规划、准备，评估风险降低干扰，就能成功，否则做事思路不清，临时抱佛脚，两天打鱼，三天晒网很难成功。在本学习任务中，结合农业科技工作者日常业务和专业岗位实习实践教学环节要求，重点学习农业生产计划、项目推广计划、工作计划、学习计划和试验方案制订等计划类应用文体写作基本知识、格式和规范要点，借助AI写作工具开展相关写作训练。

相关知识

一、计划类应用文写作基本知识

计划是单位或个人对未来一定时间内要做的工作从目标、任务、要求到措施预先做出设计安排的事务性文书。计划也是对未来工作做出具体的打算和安排。农业科技计划是农业科技部门、单位和个人根据国家规划和部门计划，结合自身的实际情况所承担的任务，事先对一段时间内的科技工作或某项科技科研活动所做的部署和安排。

科技计划的作用有以下3点：

首先，它是农业科技工作者的行动纲领，是对一段时期内科技工作的方向、任务、目标、步骤和重大措施、具体实施方案预先筹划的蓝图。其次，它明确规定了有关农业科技发展的指导方针、基本政策和工作方法，全局在胸、行动有了方向，减少了农业科技工作的随意性、盲目性和被动性。最后，它是掌握农业科技工作进程，检查和推动农业科技工作的重要依据。

科技计划的特点主要表现在以下3个方面：

首先是前瞻性，计划是具体行动之前的思维产物。它要求计划的制订者对未来的目标了然于胸，对具体的措施、办法胸有成竹，对完成计划的各种因素考虑周全。其次是科学性，计划的制订既要符合国家法律法规和方针政策，又要结合本单位的实际情况以及所承担的科技工作的具体内容，经过科学而严密的论证，切不可凭空想象，随意编造。最后是可操作性，计划必须在实践中实施，可操作、可执行、可检查监控，并能完成预期目标，对计划来说是十分关键的。

（一）科技计划的分类

从性质、内容、时间等角度可划分出不同种类的计划。按照形式分为以下3种：

(1)文件式计划。分目标、要求、措施、步骤等环节，写作严谨具体，内容重大并有一定篇幅。

(2)条文式计划。以列出任务为主，较少涉及措施、步骤等。

(3)表格式计划。通常用于项目较多又具共性的内容，有时辅之适当文字说明，使计划简洁明了。计划是个统称，像规划、纲要、设想、要点、打算、方案、意见、安排等都是根据计划目标远近、时间长短、内容详略等差异而确定的名称。

(1)规划。规划是一种时间跨度长(3年以上)，范围广，内容较为概括的计划，有时也用“行动计划”。例如，《新疆维吾尔自治区葡萄酒产业“十四五”发展规划》《全国智慧农业行动计划(2024—2028年)》。

(2)纲要。纲要和规划相同，它们都是各级领导机关根据战略方针，为实现总体目标对某个地区或某一事项做出长远部署。不同的是纲要比规划更为原则和概括，一般只对工作方向、目标提出纲领式要求和指导性措施。例如，《新疆维吾尔自治区国民经济和社会发展第十四个五年规划和 2035 年远景目标纲要》。

(3)设想。设想是一种粗线条的、初步的、预备性的非正式计划。相对来讲,其适用时限较长。例如,《新疆发展戈壁农业的设想》。

(4)打算。打算也是一种粗线条的、想法不太成熟的非正式计划。相对设想,它的内容范围不大且考虑近期要做的。例如,《×××公司扩大玉米制种业务的打算》。

(5)要点。要点是指将计划的主要内容择要摘编,使之简明突出,它适用于时间相对较短的计划。例如,《×××公司 2025 年种子市场拓展工作要点》。

(6)方案。方案是指从目的、要求、方式、方法、进度等方面进行具体周密部署,有很强操作性的计划。方案一般适合专项性工作,方案实施往往须经上级批准。例如,《×××公司 2025 年业务绩效考核方案》。

(7)意见。意见属于粗线条计划,它适用于上级向下级布置工作任务并提供基本的思路、方法,交代政策,提出要求等。例如,《×××公司关于下属企业 2025 年扭亏增盈全面提高经济效益的意见》。

(8)安排。安排是指短期内要做的,且范围不大、内容单一、布置具体的一类计划。例如,《×××乡镇春播工作安排》。

(二)科技计划的一般格式

科技计划的格式没有明文规定,形式多样,但不论采用哪种形式,一份科技计划,一般由标题、正文和落款 3 个部分组成。

1. 科技计划的标题

科技计划的标题主要表明制订科技计划的单位名称、适用时间、具体内容等。例如,《×××研究所 2025 年科研计划》,其中,"×××研究所"是制订计划的单位,"2025 年"是计划适用时间,"科研"是计划内容,"计划"是名称。

如果该计划尚不够成熟,需要进一步征求意见进行修改,是征求意见稿或讨论稿,要在标题后用括号注明"草案""初稿""初步计划""供讨论"等字样,以区别于正式科技计划。

2. 科技计划的正文

科技计划正文是其核心内容,这部分应写出为什么制订这份科技计划、要做些什么、为什么去做、怎样去做、什么时候完成等。要写得具体明确、主次分明、条理清晰、言简意赅,以便执行。正文一般包括前言、主体、结尾 3 项。

(1)前言。又称序言、开头。主要说明制订科技计划的指导思想及依据,上级的要求,结合本单位实际,确定今后总的工作任务等。科技计划的前言一般写得言简意赅,写作时要灵活,根据计划的内容、形式、范围来写作。如果是普通的、简要的科技计划,前言部分可省略,直接写计划的主体部分。

(2)主体。主体是科技计划的重点,它包括的内容如下:

①具体的目标、任务和要求,即"做什么"。因为制订科技计划的目的就是要实现科技目标,完成任务,达到要求。所以,在主体中首先要求明确地提出目标、任务所包含的内容和重要指标,而且这些任务和要求都要详尽具体,才便于落实执行,并且有些任务还有数量和质量的要求等。

②完成目标、任务的措施或步骤,即"怎样做"。这一部分需详细地说明完成任务的具体措

施、行动步骤、时间分配、人力、物力、财力安排等。

③实施计划过程中的有关事项。这部分说明完成具体目标、任务的时间，即“什么时候完成”。有的还需说明检查计划实施情况的方法、实施计划过程中的要求、修订计划的方法等。

(3)结尾。即计划的结束语，常见的写法有3种：

①重点、关键问题的收尾。即指出计划中的重点任务与实施关键，以利于保证重点，全面完成任务。

②强调有关注意事项收尾。即指出执行计划中可能出现的问题，着重防范，保证科技计划顺利实施。

③提出号召、希望的收尾。即指出执行科技计划的有利条件和不利因素后，提出希望和号召，圆满地完成计划。

3. 科技计划的落款

落款包括制订科技计划的单位名称和日期，写在正文右下方。如果在科技计划的标题上已冠以单位名称，结尾就不必重复了。如需作为正式文件报发，还需按文件格式和发文程序，上报或下达计划，加盖公章。

此外，与科技计划有关的一些材料，在正文里不能逐条表述的，可以在正文后面附表或附图说明。如果需要对科技计划中的事项加以解释或说明，也可作附件置于文末。

（三）科技计划的写作要求和注意事项

(1)对现实情况作科学分析。制订科技计划要对本单位或本部门主客观条件进行科学的分析和综合研究。要分析本单位、本部门的人力、物力、技术水平、资源情况、经费来源、自然条件等，做出切合实际的核算与预测，做到心中有数。这就需要做调查研究，使之有充分的科学依据。科技计划规模的大小要以本单位或本部门的具体条件而定，其制订不能脱离主客观条件。

(2)立足现实，从发展的观点出发，对全局做出科学的部署。立足现实，就是对本单位或本部门的实际情况有充分了解。从发展的观点出发，就是要对科技计划的前景有科学的预测。这样，才能对全局做出科学的部署，提出切实可靠的计划内容。

(3)措施要切实可行。科技计划中的措施要求既要全面又要顾及局部，形成各方面都有内在联系的有机整体，尽可能考虑周到。

(4)语言简明，条理清晰，概念准确。

二、农业生产计划写作要点

除需掌握上述基本知识外，在撰写农业生产计划时还需把握以下要点：

(1)充分调研分析。制订生产计划首先需要研究分析上级下达的生产计划目标任务，以及目前的生产条件，然后分析完成生产目标需要的生产条件、主要措施，以及组织管理等诸多因素，找出需要重点解决的问题或者存在的差距，并研究提出针对性的措施，最后才有可能制订一份操作性强的生产计划。

(2)生产指标和措施简洁清晰。生产目标任务中产量、质量、成本控制等指标要明确清晰，各项人、财、物和技术措施运用的时间、农资品种、方法要求也应简洁明了，使操作者一目了然。

(3)可修正、调整。农业生产除受政策和市场变化影响外,受技术条件、自然环境条件影响也较大,生产过程中需要根据不同的变化,及时调整生产计划。

(4)根据生产特点采用不同表现形式。目前农业生产计划比较常用的条文格式、表格式,以及甘特图或时间表等。

例文

例文 1——条文式计划:

×××镇 2024—2025 年油菜生产计划

为深入贯彻落实党中央、国务院、省、市、县关于扩种油菜的安排部署,全力抓好 2024 年秋冬种油菜扩种工作,保障重要农产品供给,进一步加大冬闲田土开发利用、提高粮油生产质量,实现油菜优质高效生产新突破,提升综合产能。结合我镇实际,制订本计划。

一、总体要求

始终贯彻粮油生产按照"稳播面、优品种、提单产、强链条"的发展思路,围绕"提质增效转方式、稳粮增收可持续"的工作主线,坚持"以地定种、以机促种、以服帮种、以加带种、以效扩种"的工作原则,按照提密度和整齐度"两度"、攻机械化率和含油率"两率"、防渍涝和冻害"两灾"、控菌核病和根肿病"两病"、推减肥和减药"两减"的技术路径,着力抓好优种、机播、密植、开沟、机收五大关键技术落实,依靠科技创新,千方百计挖掘油菜扩种潜力,提升单产水平,增加油菜籽产量,确保目标任务如期完成。

二、总体目标

围绕保障粮食安全和重要农产品有效供给为主要目标,积极推广水稻—油菜轮作、玉米—油菜轮作、大豆—油菜轮作、果园—油菜套种等种植模式,探索拓展油菜多功能作用,因地制宜,引导种植菜用油菜、饲料用油菜、蜜源用油菜、观花类油菜,增加油菜附加值。攻坚克难、应种尽种,确保 2024 年秋冬种油菜 9 200 亩以上。

三、重点内容

(一)全面落实油菜生产任务。紧盯生产目标任务,整合镇、村二级力量,对冬闲田进行精准排查,建立可种植油菜的冬闲田台账,坚持"挂图作战""按图扩油"综合考虑油菜扩种潜力和分布区域的自然资源、基础条件、种植意愿、难易程度等因素,列出难点,提出路径,攻坚克难扩大油菜种植。在水田较多的×××、×××等村重点推广稻油轮作模式;在旱地较多的×××、×××等村重点推广玉米、大豆、高粱与油菜轮作模式;因地制宜探索低龄或低效果园套种油菜,千方百计确保我镇油菜播面 0.92 万亩。

(二)做好重点项目提升单产。实施好稻油轮作项目,示范油菜机耕机防机收和统一集中育苗,充分利用整合好项目资金,一是通过政府采购优质"双低"油菜种子供给种植农户,项目区内采取集中育苗供给农户。二是鼓励经营主体采取集中统一育苗、统防统治、机防机收等方式开展油菜播、种、管、收全环节或单环节社会化服务。三是建立新品种、新技术示范展示基地及油菜花观光基地,聚焦新品种展示、油蔬两用技术、彩花观光利用、高产栽培等技术模式开展集中示范。

(三)多措并举提高生产效率。一是推广良种良法。以"两高双低"(高产量高出油量)优良品种为重点推广,结合育苗移栽推广油研 50 品种;在生产条件较差区域,因地制宜推广直播、撒播、免耕栽培、飞播等技术，降低生产成本。二是拓展油菜用途。充分挖掘油菜生产潜力，探索拓展油菜多功能作用，因地制宜，引导老百姓种植菜用油菜、饲料用油菜、蜜源用油菜、绿肥用油菜、观花类油菜等品种，增加油菜附加值。探索打造油菜农旅融合点，以赏花旅游带动油菜全产业链发展。三是强化社会化服务。培育油菜种植大户、合作社、家庭农场、企业等新型经营主体。依托修文县远泽农机服务农民专业合作社、修文县春海农机服务专业合作社等社会化服务主体，开展集中育苗、代耕代种、代管代收、统防统治等，做好农机与农艺融合，围绕节本增效和山地宜机化，示范带动全镇油菜生产高质量发展。

（四）加强农田水利设施建设。加强高标准农田建设，围绕粮油生产需要，新建和改造提升一批旱涝保收、高产稳产的高标准农田，补齐农田基础设施短板，提升耕地质量和产出水平。以“两区”（粮食生产功能区、重要农产品生产保护区）和坝区为重点，加快推进高标准农田建设，加大小水池、杀虫灯、防雹网等基础设施配套力度，切实抓好冬修农田水利损毁设施修复，进一步夯实农业生产基础，增强农业抗灾减灾能力和综合生产能力。

（五）大力倡导土壤改良。修复耕地质量，采取增施有机肥、施用生石灰以及秸秆粉碎还田等办法进行土壤改良，逐步修复土壤地力。

四、进度安排

（一）安排部署阶段。2024 年 10 月 8 日前，参照县级方案制定，完成镇级方案编制、任务分解、物资储备和配套技术措施；组建技术组，对全镇油菜生产进行全覆盖指导。

（二）种子苗储备阶段。2024 年 8 月上旬，县农业农村局给六桶镇集中采购油菜种子 920 kg，满足全镇 9 200 亩的油菜种植，已落实油菜种子储备。全镇组织 14 个村（居）以村组为单位开展集中育苗试点，提高油菜种植区域移栽水平。

（三）组织实施阶段。2024 年 10 月初，召开全镇秋冬种工作安排会，10 月上旬组织油菜集中育苗，水稻收获前开沟排水，收获后晾晒田块；11 月中旬，完成油菜移栽。直播区在 11 上旬至下旬前完成直播任务。12 月上旬至 1 月底，做好中耕除草，病虫害防治；2025 年 2—5 月，做好清沟排渍，加强肥水管理，实行“四喷”，防止油菜早苔，加强病虫害防治，确保油菜高产丰收。

（四）总结阶段。2025 年 5—6 月，做好临田测产验收工作，总结分析任务完成情况。

五、组织保障

（一）强化组织领导。成立以分管农业的副镇长为组长，镇农业农村综合服务中心主任为副组长，镇各站办负责人及各村支书（主任）为成员的油菜生产工作领导小组，负责统筹推进油菜扩种工作，确保工作任务如期完成。

（二）强化工作调度。严格执行油菜生产日调度机制，及时调度分析，解决生产中遇到的各项困难与问题。培训指导好村农情人员，真实上报油菜种植情况。各村要于 2024 年 12 月 15 日前将油菜生产情况报镇农业综合服务中心。

（三）强化宣传引导。各村（居）要通过召开现场会、坝坝会等多种形式宣传油菜生产相关政策，传递上级重视油菜生产的具体措施，并加强信息报送工作，及时总结提炼项目推进过程中好的经验及做法。

（四）强化督查考核。各村（居）要压实责任，严格按照油菜生产计划台账，做好宣传动员，落实种植任务，适时对油菜种植情况进行检查，对任务落实不明、工作推进不力的视具体情况进行通报。

例文 2——表格式计划：

×××市2021年花卉园艺生产计划表

目标单位	种植面积(亩)			切花、切叶、切枝总产量/万(株、盆)	其中外销量/万(株、盆)	鲜切花标准化示范点	说明
	花卉园艺总面积/亩	鲜切花面积/亩	其他面积/亩				
×××区	4 200	650	3 550	1 000	910		1. 鲜切花面积含切叶、切枝种植面积。 2. 其他含盆栽观赏植物、种用、食用花卉、绿化观赏苗木等种植面积。 3. 产量只含切叶、切枝产量。
×××区	6 000	4 300	1 700	7 000	6 370		
×××区	9 500	550	8 950	1 500	1 365		
×××区	11 650	4 000	7 650	31 000	28 210	1	
×××区	450	90	360	135	123		
×××市	13 900	5 500	8 400	19 000	17 290	1	
×××县	6 500	5 200	1 300	46 500	42 330	1	
×××县	40 900	36 000	4 900	200 950	182 860	2	
×××县	16 000	13 860	2 140	58 500	53 240	2	
×××县	28 000	6 600	21 400	30 075	27 370	1	
…	…	…	…	…	…		
合计							

三、项目推广计划写作要点

农业项目推广计划是推广项目的具体行动方案，是根据农业推广工作的本身规律，根据项目推广的特点对相关人、财、物进行统筹，并设计采取合适的推广策略、推广模式、推广方法等具体筹划设计的行动方案。农业推广项目计划的写作要点如下。

1. 确定项目各项计划指标

(1)确定项目的推广范围和规模。根据项目的适应范围和推广区技术力量等状况，先确定项目推广的示范区范围和总面积，然后制订分年度推广的范围和面积计划。

(2)制定项目的技术指标、经济效益指标和社会效益指标。技术指标是指项目应达到的技术要求，如新农药应用后害虫致死率及残效期等。经济效益指标是指项目的经济效果，如增产率、节约成本率、劳动生产率提高等。社会效益一般为间接效益，如推广某项技术可以促进多少农民转移就业增加多少工资性收入，可以减少多少污染物排放，减少多少碳排放等。技术指标和经济效益指标必须用量化指标，社会效益指标也应尽可能用量化指标，不能确定数量指标的，可采用定性指标。

(3)确定推广进度。根据项目的推广规模与范围，推广的难易程度及承担能力强弱等，计算完成推广项目总时间要求和阶段性目标的时间要求。

2. 确定完成项目的主要措施

这些措施主要包括技术、物资、人力、组织协作、活动计划等方面。

3. 项目推广经费、物资的测算

搞好项目推广工作，需要一定的资金和物资保障。因此，必须对推广项目所需经费进行测算，列入计划。这部分经费包括推广活动费，试验、示范用品费，必要仪器设备的购置费及培训费等。按照推广规模详细测算每一项目所需经费的数额，并预测推广经费的可能来源等，作为申报项目和筹措资金的参考依据。推广物资是指在项目实施过程中农民必须增加的生产资料投入，包括种子、农药、化肥、农机具等，应根据推广规模粗略估算各种新增物资品种的数量，并调查货源情况，可供货源与实际需要相差太大或没有保证时，应适当缩小推广规模，以确保计划的严密性。

4. 确定主持单位、主持人和协作单位、参加人

主持单位和主持人数量一般是一个，协作单位和参加人数量可以在两个以上。

例文

（封面）

冬小麦高产密植技术推广计划

项目实施单位（盖章）：
负责人/电话：
通信地址/邮编：
电子邮件地址：
主管部门（盖章）：
联系人/电话：
通信地址/邮编：
实施日期：　　　　年　　月至　　　　年　　月

（内页）

为积极贯彻2024年自治区产量大县助推技术的通知有关精神，加快小麦产业技术体系技术集成推广，探索农技推广的新形式，现制订我县2024—2025年度承担自治区冬小麦高产密植技术推广项目计划如下。

一、实施的背景及意义

县域农业产业优势、冬小麦生产重要性等。（内容略）

二、指导思想和工作原则

以我县粮食优势产区"百千万"高产创建为抓手，以种植大户和科技示范户能力建设为核心，以主导品种高产密植技术和实施主体培训为关键措施，以创新农技推广和专业化服务机制为突破口，通过政府推动，市场引导，项目带动，建立科技人员直接到户、良种良法直接到田、技术要领直接到人的科技成果快速转化长效机制，不断提升主要农产品综合生产能力和劳动者素质。

三、实施范围及目标任务

根据我县实际，确定冬小麦生产相对集中连片，生产基础条件较好，示范效果强的10个乡镇（街道）作为示范乡镇，每个示范乡镇（街道）确定1个千亩创建。种植大户要具备高中以上文化程度，热爱科学种田，尤其是冬小麦生产管理有一定水平，每户培训一个技术明白人，县农机推广站建立专门的高产创建档案。千亩创建点主推新冬59号、新冬55号品种，搭配新冬60号、新冬22号品种并集成12.5 cm等行距"缩行加密"技术，实现冬小麦单产增产15%，收入比上年提高10%以上。

四、实施内容

(一)组建专家组,并根据考核情况实施动态管理。聘请自治区小麦产业技术体系首席专家×××、副首席专家×××、岗位专家×××,以及×××、×××等教授组建项目专家组。技术指导组由县、乡镇农技推广系统20名科技人员组成。

(二)主推的品种和技术。

1. 主推的品种

新冬59号、新冬55号品种,搭配新冬60号、新冬22号。

2. 主推技术

(1)冬小麦高产密植栽培技术。(略)

(2)冬小麦高效水肥一体化技术。(略)

3. 辅导培训内容

(1)培训种植大户冬小麦高产密植栽培技术。

(2)冬小麦高效水肥一体化技术。

(3)……

(三)开展技术培训、指导和田间示范。

(1)编发《冬小麦高产密植栽培技术培训资料》,逐层进行技术培训。

(略)

(2)乡镇技术员进行现场技术指导,实现保户、技术入户,全程技术跟踪服务。

(略)

(3)建立"千亩创建"冬小麦高产田示范观摩和考核评价机制。

(略)

(四)签订冬小麦"千亩创建"活动责任书。

(略)

(五)实行信息化技术指导与管理。

(略)

(六)总结验收。

(略)

五、进度安排

(1)2024年9月,制订实施方案,组织专家对实施方案进行指导论证。落实千亩创建科技人员队伍。

(2)2024年9月下旬至10月上旬,科技人员入户指导备耕工作,进行技术培训,检查备耕情况,指导备耕工作。

(3)2024年10月,现场指导缩行加密播种作业,确保亩保苗25株以上。

(4)2025年1—6月,做好麦田管理指导,推动小麦水肥一体化管理技术、全程精准调控技术、绿色防控技术落实到位。

六、保障措施

1. 加强领导

成立以分管县长为组长,农业农村局局长、财政局分管领导为副组长,相关乡镇(街道)

领导为成员的项目领导小组。领导小组负责各项技术措施的推进落实、进度检查、验收等工作。

2. 经费保障

除专项资金外，县财政按照1亩200元推广经费设置项目补贴经费。

3. 加强示范观摩和宣传

利用各种手段，广泛动员农技推广、科研与教学单位、龙头企业、专业协会以及广大农民积极参与冬小麦千亩创建项目，充分发挥示范作用。通过广播、电视、报刊等新闻媒体，跟踪报道创建的先进经验和实施效果，大力营造产业技术体系推广在增产、增收，提高农产品竞争力中的突出贡献。

七、效益分析

（略）

四、工作计划写作要点

工作计划是工作、生活中使用范围很广的重要文体。机关、团体、企事业单位和个人对一定时期的工作预先做出安排和打算时，都要制订工作计划。无论是单位还是个人，无论办什么事情，事先都应有个打算和安排。有了计划，工作就有了明确的目标和具体的步骤，就可以协调大家的行动，增强工作的主动性，减少盲目性，使工作有条不紊地进行。同时，计划本身又是对工作进度和质量的考核标准，对单位或个人都有较强的约束和督促作用。所以计划对工作既有指导作用，又有推动作用，做好工作计划，是建立正常的工作秩序，提高工作效率的重要手段。写工作计划时要注意以下4个要素的体现：

1. 工作内容

工作内容，即工作目标、任务。计划应规定出在一定时间内要所完成的目标、任务和应达到的要求。任务和要求应该具体明确，有的还要规定出数量、质量和时间要求。

2. 工作方法

工作方法，即采取措施、策略。要明确何时实现目标和完成任务，就必须制订出相应的措施和办法，这是实现计划的保证。措施和方法主要指完成既定目标需要采取什么手段、动员哪些力量与资源、创造什么条件、排除哪些困难等。总之，要根据客观条件，统筹安排，将“怎么做”写得明确具体，切实可行。特别是针对工作总结中存在问题的分析，拟定解决问题的方法。

3. 工作执行实施

工作执行实施，即工作程序和时间安排。每项任务，在完成过程中都有阶段性，而每个阶段又有许多环节它们之间常常是互相交错的。因此，订计划必须胸有全局，妥善安排，哪些先干，哪些后干，应合理安排。而在实施当中，又有轻重缓急之分，哪是重点，哪是一般，也应该明确。在时间安排上，既要有总的时限，又要有每个阶段的时间要求，以及人力、物力的安排。这样，使有关单位和人员知道在一定的时间内、一定的条件下，应把工作做到什么程度，以便争取主动，有条不紊地协调进行。

4. 工作进度

工作进度，即工作进度和完成期限。工作计划常用条文式或表格式文体。

例文

例文 1——条文式工作计划：

某公司种子繁育技术员 2025 年度工作计划

今年本人竞聘公司种子繁育技术员岗位，工作是负责玛纳斯县×××镇 5 000 亩玉米制种工作。岗位目标任务是：确保 5 000 亩制种面积落实，指导管理片区技术人员按照公司玉米制种规程，在保证制种纯度 99%的前提下实现制种产量平均亩产 350 kg 以上。根据本人两年多的制种工作经验，结合公司片区制种技术管理和成本效益经验数据，制订本人 2025 年度工作计划。

一、认真做好片区预算和专业技术人员聘任工作

根据片区工作目标任务，制订公司该片区玉米制种成本效益核算标准，结合本人工作经验，主要做好以下工作：

1. 在 1 月前制订出 5 000 亩地玉米制种的生产计划，制定出人员工资、交通费用、差旅费及伙食补助、农民制种预付款、业务公关等各项成本预算，精打细算压缩不必要开支。

2. 总结去年技术员管理经验，完善技术员绩效考核方案，适当提高技术员奖金标准，以确保制种质量和产量为目的，充分调动技术员的积极性，体现多劳多得的分配原则。

3. 在 1 月前按照 500 亩配置 1 名技术员的标准，在公司和新疆农职大顶岗实习生或毕业生中招聘 10 名技术员，并签订相关合同。在 2 月底前组织为期 1 周的技术员业务培训。

二 、制种面积落实

在正月十五前后走访×××镇相关领导、各制种村村主任和书记，就 2025 年制种面积落实进行协商，与各村签订制种面积合同。

三、技术培训

3 月份结合新型职业农业培训等活动，在各村组织制种户培训班，聘请农科院、新疆农职大和公司×××、×××、×××等专家教授开展制种新技术培训。重点把今年制种组合的生育特性和栽培特点讲清楚，技术员要跟班听课，并与负责的制种户建立联系，对各户制种面积和地点进行登记造册，考察隔离区设置是否达标。

四、春季播种及苗期管理期间的工作

1. 技术员进一步落实制种地块，指导督促备耕及土地播前准备、播种机械调试等工作。

2. 下发玉米亲本种子并登记造册。

3. 检查指导亲本播种，提高播种质量。

4. 播种结束后，召开一次片区技术员工作总结会，通报情况，分析出现的问题，部署父本播种和苗期管理有关事宜。

5. 按照技术员绩效考核方案对技术员进行月考核。

五、中期管理

（略）

六、收获管理

（略）

七、自身业务学习与工作能力提升

本人在公司工作已经 3 年，比较适应制种技术管理工作，计划继续在公司进行发展，总结前 3 年的工作经历，认为在玉米育种新技术发展、农村工作经验、人员沟通，以及人员管理等方面还有欠缺，计划在工作期间就以上业务能力进行自学进修。

以上是本人 2025 年度工作计划，在实施过程中要做到早计划、早安排、工作不拖不等。工作过程中多听取群众和技术员的意见和建议，对工作安排中的不妥之处及时改正，确保完成公司下达的目标任务。

×××

2024 年 12 月 15 日

例文 2——表格式工作计划：

×××月(或周)工作计划表

序号	工作任务	完成期限	负责人	工作绩效指标	备注
1					
2					
⋮					

五、学习计划写作要点

制订和落实学习计划，除会根据工作情况、自身学习特点科学制订学习计划外，关键还是对个人自制、自控、自检能力的锻炼与考验。要想制订一份可行有效的学习计划，一般要重点考虑以下几方面：

1. 计划要尽量考虑全面

学习计划是指学习的具体安排。要想真正完成好学习计划，除充分研究、分析实现学习目标的方法途径外，在考虑计划的时候，一定要对自己的学习生活做出全面的安排，包括社会工作时间、为集体服务时间、锻炼时间、睡眠时间及娱乐活动时间等。这样，在学习时间内才能精力充沛地学习。

2. 安排好学习时间

学生学习时间可以分为常规学习时间和自由学习时间。顶岗实习期间学习时间的安排：一是利用工作之余时间自学；二是带着生产技术问题在工作过程中请教行家里手，或在生活、工作交流中相互通信息、相互交流知识技能，也就是常说的社会化学习，即“三人行，必有我师”。

3. 长计划和短安排

长计划和短安排是指在一个比较长的时间内，应有个大致的计划。由于实际的学习生活往往无法预测，所以，长计划不可能太具体，不可能把每天干什么都列出来。但是，在学习上计划要解决哪些问题，实现什么目标，心中应当有数。应把一个在短期内无法完成的学习任务分到每周、每天去。这样，在每天学习时，就会明白今天的学习在学习全局中的地位。有了具体的短计划安排，长计划中的任务可以逐步得到实现；有了长计划，就可以在完成具体学习任务时具有明确的学习目的。

4. 从实际出发来制订计划

在制订学习计划的时候，不要脱离了学习的实际情况。主要指以下几方面：

（1）制订自己的职业生涯规划，每个阶段的职业发展目标要清晰。

（2）自己已有的知识和能力基础、学习特点。

（3）每个阶段的学习目标及实现目标的学习途径和方法。

（4）自己可以使用的学习时间及利用方法等。

5. 计划要留有余地

计划终归不是现实，只是一种可能性。要想把计划变成现实，还要经过一段很长的努力过程，在这个过程中自己的思想会发生变化，学习的各种条件也会发生变化，计划制订得再实际，也不免出现估计不到的情况。所以，为了保证计划的实现，订计划时就不要太满、太死、太紧，要留出机动时间。

6. 注重效果，不断调整

在学习计划执行到一个阶段之后，就应当检查一下效果如何，如果效果不好，应找到原因，及时调整主要检查以下这些内容：计划提出的学习任务是否已经完成？自己是否基本按计划实施？学习效果如何？没有完成计划的原因是什么？通过检查，立即采取相应的措施，及时改正计划中的不合理部分。

科学的、实际的个人学习计划，只要认真去执行，必将促进职业生涯发展，培养意志，增强你追求理想的信心。

例文

岗位实习期间学习计划

根据生物科技学院《岗位实习管理手册》有关岗位实习期间开展自我管理式学习，并开展专题技术研究，撰写专题技术报告等要求，在企业指导教师指导下，结合本人实习岗位工作任务和任务目标，制订岗位实习期间学习计划。

一、积极参加企业培训

根据企业新员工培训计划安排，积极参加企业新员工企业技术培训和企业管理文化培训项目。在培训期间主动与企业主管及培训讲师交流，了解企业技术发展及关键技术环节，以及企业管理方面的理念和相关管理制度，争取尽快适应顶岗实习的企业工作环境……

二、自学蝴蝶兰等高档花卉知识和管理技术

本人一直对花卉种植感兴趣，所以进校后也选择了这个专业，毕业后计划在花卉生产经营方面发展。这次岗位实习给我提供了一个难得的机会，既可以在岗位上边实习，边向企业技术专家学习花卉先进生产技术，还可以熟悉企业花卉生产经营模式、产品销售渠道等方面信息。

岗位实习目前给我分配的岗位是蝴蝶兰小苗管理，我认为还不能满足我的学习需求，计划结合公司花卉生产种类，自学蝴蝶兰、大花蕙兰、凤梨等高档花卉生产管理等方面的技术。具体为：

1. 请企业指导教师推荐可供参考学习的相关书籍。

2. 在半个月内自学完相关内容，制订关键技术操作观摩计划。在工作业务时间请教企业指导教师，最好有机会能亲自操作。

3. 观摩记录以上花卉生产过程及长相表现，分析出现的问题。

……

三、认真开展专题技术研究

经与企业指导教师协商，我岗位实习期间专题研究的课题是《蝴蝶兰灰斑病防治技术研究》。按照专题技术研究的方法，我要做好以下工作：

1. ××月前在企业指导教师指导下完成专题研究方案制订。

2. ××月在企业指导教师指导下开始实施方案，做好观察记录。

3. ××月完成数据收集统计分析。

4. ××月顶岗实习结束前完成专题技术报告撰写，并请企业指导教师指导，按照修改意见进一步完善。

四、企业管理文化的学习

毕业后就要进入企业工作打拼，熟悉适应企业管理文化有助于我今后发展，在岗位实习期间，我计划一方面自学企业管理文化的相关书籍；另一方面在允许范围内深入调研岗位实习企业的管理文化。具体是：

1. 自学阅读《×××》《×××》等企业管理书籍。

2. 了解企业管理相关制度。

3. 了解企业管理体系。

4. 了解企业各层次工作人员的工作方法、交流沟通途径等。

……

岗位实习时间紧张而短暂，我决心在做好岗位工作的同时，每天利用业余时间，自我激励、自我监督，认真实施以上计划，完成岗位实习期间任务，同时为自己交一份满意的答卷。

×××班×××学生

××××年××月××日

六、试验方案制订要点

制订试验设计方案要力求科学、周密。设计科学和布置周密是试验设计方案的灵魂，它决定了这项科研课题的成败。要保证试验设计方案的科学性，就必须坚持辩证唯物论的方法论，必须遵循科学研究法中对于科学试验方法的基本要求。例如，在一项试验中试验因素和处理设置应力求简要明确，不可过多，要探求某一试验因素对于农业生产的作用，就必须使其他因素相同，以避免其他因素的干扰，为了使试验更准确，减少误差，就要科学地安排试验区划，使之合理排列，为了防止偶然性，就要进行必要的重复，为了得出符合客观规律的结论，就要进行多方面的调查。这些问题虽然都属于农业科学研究法所论述的范围，但这些问题不注意或考虑不周全，就不能制订出科学的试验设计方案来。制订试验设计方案要注意写清以下内容：

(1)要简要、明确地叙述试验目的。叙述试验目的一般先概要说明当前在农业生产和农业科研中存在的问题和解决这一问题的迫切性，然后才指出为什么进行这项试验。这样不仅目的明确，而且更易于使人们认识它的重要性。

(2)要说明试验的基本情况和设计内容。说明哪些基本情况，要根据试验需要而定，但一般要介绍有关土壤、气候、肥力、前茬等条件，因为这些都会影响试验的进行。说明设计内容，这是试验设计的核心，一般应包括试验材料、处理设置、试验区划、排列顺序、重复次数以及试验过程中的田间管理情况。在有的设计方案中还会画出试验设计图式，这样不仅便于说明，而且可供试验参考。

(3)要说明试验所要进行的调查内容、调查时间和方法,有的还设计出调查统计表格。调查内容要考虑周全,突出重点,能够说明所要说明的问题,以便选择恰当的调查时间。

(4)制订科研设计方案,语言要简明、严密,切忌含混不清,要使人看了“设计”就了解试验的基本情况,就可以按照设计进行这项试验。

例文

2020年×××省早熟玉米品种区域试验实施方案

一、试验目的

对申报我省审定的玉米品种,进行丰产性、稳定性、适应性、真实性、抗病性和品质等进行鉴定,为品种审定、合理布局、救灾品种筛选及向国家品种区域试验推荐品种提供科学依据。

二、参试品种及申报单位

参试品种13个(含对照)。

序号	品种名称	申报单位	序号	品种名称	申报单位
ZS01	襄玉923	×××	ZS08	EKY2005	×××
ZS02	惠民11*	×××	ZS09	惠禾6号*	×××
ZS03	农林玉1号*	×××	ZS10	惠民301	×××
ZS04	腾龙1898	×××	ZS11	汉单333	×××
ZS05	郑单958CK	×××	ZS12	宜早837	×××
ZS06	惠禾7号	×××	ZS13	飞天157	×××
ZS07	荆玉2006	×××			

注:标“*”为区试第二年品种。

三、试验承担单位(试验承担单位8个)

湖北省现代农业展示中心 √	仙桃市长青大豆研究所
宜昌市农科院 *	湖北省农科院粮作所
襄阳市农科院	武汉隆福康农业发展有限公司
黄冈市农科院	荆州市农科院

注:标“*”为田间纯度调查单位,“√”为品质测试送样单位。

品质测试:对第二年参试的品种统一进行品质测试。测试单位为农业农村部谷物品质监督检验测试中心(北京)。品质测试样品由湖北省种子管理局指定两个试点提供,供样单位对区域试验各品种负责安排20株(保护行内)套袋并将收获的籽粒取样1 kg,于10月8日前寄湖北省种子管理局品种管理科×××同志收。

DNA指纹检测:由北京市农林科学院对参试品种进行真实性、一致性检测。

资料汇总:由×××省农科院粮作所×××(通信地址:×××,邮编×××,电话:××××××××,电子邮箱:×××@×××.com)负责试验资料汇总。

四、试验设计

（一）田间设计

试验采用随机区组设计，3 次重复。小区面积 20 m^2，宽 3.35 m，长 6.0 m，5 行区，实收中间 3 行测产，每行 30 株，行距 0.67 m，等行距种植，四周设保护行。密度 5 000 株/亩。

（二）试验地

地面平整，土质、前茬一致，地力均匀，排灌方便，中上等肥力水平，光照充足，田间无荫蔽。

（三）计产

每小区实收中间 3 行计产，产量以千克计算，保留 2 位小数。试验产量应为实际产量，严禁取样折产。

五、栽培管理

（一）播种

试验为单作。3 月 20—25 日适时播种，要求播种沟深浅一致，盖种深度一致，保证播种质量，力争一播全苗。

（二）施肥

底肥：每亩施复合肥 40 kg（N、P_2O_5、K_2O 的含量为 15%、15%、15%，在播种前分行施入（每行净肥量 0.24 kg），要注意种、肥隔离，防止烧种、烧根。不施农家肥。

追肥：大多数品种 3～4 片可见叶时追苗肥，亩施尿素（含 N 量 46%）5 kg，分行施入（每行 0.03 kg）；11～12 片可见叶时追穗肥，亩施尿素（含 N 量 46%）15 kg，分行施入（每行 0.025 kg）。注意不施偏肥，及时盖肥。

（三）田间管理

田间管理应高于当地一般生产水平，同一项田间管理或测定应在同一天内完成，如遇特殊天气，至少同一重复必须在同一天内完成。试验治虫不治病，注意在苗期及时防治地老虎，喇叭口期防治玉米螟，苗期至抽雄期加强草地贪夜蛾的防治。

（四）调查记载

要求及时进行调查记载，调查记载项目完整（不留空项），数据准确、可靠。《×××省玉米品种区域试验调查记载项目及标准》《×××省玉米区试田间病害鉴定项目及标准》《×××省玉米品种区域试验年终报告》等表格可在“×××农业信息网”的“×××种业”子网中的“通知公告”中下载。

六、试验管理要求

（1）供种单位不得随意更换品种，种子不得作包衣等其他处理，否则作为自动放弃参试资格处理。

（2）供种单位应提供质量达到国家标准的种子参试，以保证试验工作的正常进行。对于未及时提供试验种子或供试种子数量不足的，取消申请者当年参试资格。因参试的种子质量未达到相应国家种子质量标准的，生育期不符合要求等因素影响试验正常进行的，当年品种试验数据作废；非转基因品种经检测确认含有转基因成分的，试验承担单位应及时销毁试验材料，并按照有关规定处理。对于连续两年供种不一致的弄虚作假行为，对两年试验结果均做报废处理。

（3）试验期间，省种子管理局将组织试验现场考察，检查试验方案执行情况、试验质量以及各品种的田间表现，对试验中出现的问题提出处理意见。试验实行封闭管理，未经试验主持单位同意，任何非试验管理人员不得私自进入考察区试点。

(4)未按方案执行或有违方案的参试品种和试点，其试验结果不纳入汇总。

(5)试验期间，如遇异常情况，应及时用数码相机拍照，并写出书面报告向省种子管理局品种管理科及试验汇总专家通报情况。

(6)试验总结。各试验点在试验出苗后一个月内，写出苗期小结，将电子版发送至试验汇总人×××省农科院粮作所×××；试验结束后，于8月30日前将试验总结报告发电子邮件给试验汇总专家及×××省种子管理局品种管理科×××；同时寄(送)纸质版(加盖单位公章)，以便及时汇总。

(7)对因试验执行人管理不善导致试验报废的，将扣除试验补助费及资料分析汇总费；对试验结果虽纳入汇总，但试验调查记载不准确、不规范、试验苗期小结、总结报告上交不及时等的，将酌情扣除资料分析汇总费。

七、注意事项

(1)生产试验。我省主要农作物品种受试验容量限制，生产试验由申请单位参照《主要农作物品种审定办法》的有关规定自行组织实施。

(2)DUS测试。申请单位请按照《农业部办公厅关于做好主要农作物品种审定特异性一致性稳定性测试工作的通知》的要求执行，品种申报审定时需提供DUS测试报告。

2020年3月

任务实施

任务一

在农业生产技术员岗位上，根据公司或上级部门制订的年度生产计划安排制订本部门或岗位的年度、半年、季度或月生产计划是一项经常性的工作。

你今年计划在昌吉市榆树沟镇榆树沟村负责1 000亩玉米制种工作任务，请查阅本地农业生产条件、市场和农事作业的相关资料、当前玉米制种高产组合和制种技术规程，撰写一份条文式的玉米制种生产计划。另外以生产时间为横轴、生产项目为纵轴，将撰写的生产计划改成一份表格式生产计划。

任务二

随着科技创新体制改革，越来越多的农业新技术推广应用都来源于农业企业，并承担着越来越多的技术推广工作。

现有新疆广宇科技发展有限公司计划在辽宁省推广新审定的GY518玉米品种，请你根据GY518玉米新品种特性，查阅新疆、辽宁两地玉米生产区域特点，初步制订一份该玉米品种在辽宁省推广项目计划。

任务三

农业生产技术员每年都要根据单位或部门生产计划，结合自身工作岗位制订自己的工作计划。

你已到实习单位负责 1 000 m^2 温室的蝴蝶兰小苗、种苗和大苗的养护工作，通过对岗位工作培训和了解，制订一份条文式工作计划，并附上工作任务分解表。

任务四

专业学生岗位实习期间，除开展以师带徒顶岗实习实践教学之外，个人还需充分利用企业社会学习环境开展企业管理文化、企业先进生产技术自学，在企业师傅指导下开展一项专题研究。

你到新疆广宇科技发展有限公司开展 GY518 玉米新品种，在新疆玛纳斯县制种基地开展岗位实习，实习周期 4—10 月，制订一份岗位实习期间的学习计划。

任务五

在农业生产过程中为探索作物优质高产的生产规律，需要频繁地进行品种试验、药效试验、肥料试验、栽培试验等。

区域试验要求

现单位承接新疆维吾尔自治区中晚熟玉米区域试验，请根据下达的区域试验要求制订基地承接的区域试验方案。

任务评价标准

(1)写作格式和行文表述规范(20%)；
(2)合理使用图表、内容表述准确(30%)；
(3)内容清晰流畅，易于阅读(30%)；
(4)篇幅合理，内容精练(20%)。

知识训练

一、思考题

思考题参考答案

1. 科技计划的主要作用有哪些？请简要说明。
2. 计划的“前瞻性”“科学性”“可操作性”分别指什么？
3. 列举科技计划的 3 种常见形式，并说明其适用场景。
4. 农业生产计划的写作需重点考虑哪些要点？
5. 试验方案设计中，如何保证其科学性和周密性？

二、填空题

1. 科技计划的正文一般由______________、______________和结尾三部分组成。
2. 科技计划的标题通常包括______________、适用时间和______________。
3. 从性质上划分，______________是一种时间跨度长、范围广、内容较为概括的计划。
4. 科技计划的正文中，“具体的目标、任务和要求”属于______________部分的内容。
5. 农业生产计划的制订需要充分调研分析，确保生产指标和措施______________、

________。

填空题参考答案

6. 项目推广计划中，技术指标和经济效益指标必须使用________指标，以便量化评估。

7. 工作计划中，“工作执行实施”部分需要明确________和________安排。

8. 学习计划的制订应考虑全面，包括________、锻炼时间、睡眠时间及________等。

任务3

合同（协议）起草签订写作训练

学习任务描述

在“三农”工作中，“企业＋农户”经营模式被广泛运用。通过明确双方权利义务、规范合同条款、避免霸王条款、加强合同监管和法律保障，可以有效维护农民的经济权益和社会地位，同时保护企业利益。在本任务中，以日常农业企业和农村专业化服务组织与农民发生经济活动，起草签订合同（协议）为学习任务，学习合同（协议）法律法规及相关政策原则、条款规范约定、制式格式等，借助AI写作工具、法律文书助手工具等开展合同（协议）起草签订写作训练。

相关知识

一、合同（协议）的概念

合同，亦称契约，是双方或数方当事人为了某一目的，依据法律订立的有关权利和义务的协议。合同多适用于经济领域，故常称之为经济合同。

协议是类似于合同的另一种契约，它的性质、作用、写作格式等与合同非常相似。二者的区别在于：合同多用于生产、购销、建筑等经济工作，协议则一般用于科研、管理、教学等一般工作；合同必须以《中华人民共和国民法典》第三编合同为准则，条款需要写得全面、细致、具体，而协议则多为原则规定。在一般情况下，当事双方或数方先就重大的原则性问题达成协议，写成条款，称为协议或协定。再在此基础上，共同商定互相协作的具体细则，把这些具体细则写成文字，经过签订就是合同。由于合同与协议极其相似，在很多情况下二者不分，互相代替使用。《中华人民共和国民法典》第三篇合同中技术合同、租赁合同、委托合同、中介合同、合伙合同等都与农业科技活动有关。

在农业科技领域，由于科研、生产、教学、管理等工作的需要，必然使单位与单位或单位与个人之间发生联系，进行合作，为了便于合作，明确合作双方或数方的权利与义务，就需要把经过协商后取得的意见，用文字固定下来，一经签订和公证，形成共同遵守的条文，这就产生了农业科技合同或协议。

二、农业科技合同（协议）的写作格式

农业科技合同与协议的种类很多，常见的有科研合同，科技成果推广合同，技术联产承包合同，购销合同等。就其写作格式而言，可将这些合同或协议分为条款式和表格式两种。由于农业科技合同与协议的写作格式基本一样，下面一并介绍。

（一）标题

标题一般由合同（协议）的类别加“合同（协议）”二字构成。如“科研合同”“技术推广合同”等。有时也可将合同（协议）的类别叙述得更详细。除此之外，根据需要也可以在标题中写出订立合同（协议）的双方单位，如这样的标题：“新疆农业职业技术大学与新疆维吾尔自治区农业农村厅共建现代农业技术实训基地协议书”。由于一般合同（协议）都要单独列款，写订立单位及代表人，故只是在个别情况下才在标题中写合同（协议）双方名称。

（二）订立合同（协议）双方

与标题隔一行，空两格写订立合同（协议）双方的单位名称，为了行文方便，规定某方为“甲方”，另一方为“乙方”，如有第三方为“丙方”等。在合同（协议）中不能用“我方”“你方”“他方”这样的简称，因这些称号会因立足点不同而造成混乱。

（三）正文的主要条款

1. 购销合同正文的主要条款

（1）标的，是指签订合同双方的权利和义务所指的对象。购销合同中的标的就是购销货物。

（2）数量和质量，是指“标的”的数量和质量，如小麦购销合同中不同小麦品种的千克数就是数量，要求达到的小麦品种质量标准就是质量。数量和质量要规定得明确具体。

（3）价款与酬金，是指取得对方产品时要支付的价款。小麦品种购销合同中的价款，指的就是各小麦品种的单价与数量相乘后的金额。

（4）履行合同的期限、地点和方式。期限是指合同生效至终止的年月日。地点是指交付货物的地点。方式是指交易的形式。前两项比较简单，易写清楚，方式要因货而异，写得具体。如用什么包装，怎样包装，怎样运输及其费用由哪方支付等。

（5）违约责任，是指不履行合同应付的违约金及应负的赔偿损失责任。

（6）其他。根据需要，当事人认为必须规定的条款也应补充写明。如合同违约后的诉讼地点的约定等。

2. 科研协作合同（协议）正文的主要条款

根据科技合同签署的相关要求，结合常用的科技合同范本，科技协作合同须明确科技协作项目，技术经济要求、进度、协作方式、经费和物资概算、报酬、违约责任等条款等，下面逐项介绍。

(1)项目名称。项目名称,亦即经济合同中的“标的”。如“九圣禾 2468 玉米生长发育特点研究”“葡萄、苹果新型保鲜剂研制”等。

(2)技术经济要求。是指科研合同的主要内容及其预计达到的经济技术指标。例如,葡萄新型保鲜剂研制成功后对葡萄的保鲜期限、经济效益指标等,这一条款是合同的核心,要写得具体、详细。指标既不能定得过高,力不能及;也不能定得太低,毫无先进性,更不能指标不明,内容不具体。

(3)进度。指在合同期限内不同阶段应当完成的任务,以及履行合同的总的期限。此条款要写得具体不能用“前二个月”“上半年”“一年后”等不明确的词,而应写清某年某月某日至某年某月某日。

(4)协作方式。合同双方或数方各自承担的责任或应尽的义务。

(5)经费和物资概算。经费和有关科研物资是科研赖以进行的经济基础。在精打细算的基础上,要明确写出所需经费和物资的数量、来源等。

(6)报酬。报酬是科研任务的委托方(常指甲方)向承担任务一方(常指乙方)支付的酬劳费。条款中要明确写出支付金额的数目、时间和方法。

(7)违约责任。违约责任是指合同当事人因过错造成合同不能履行或不能完全履行时应承担的责任。在科研活动中确定违约责任,既可以促进合同双方或数方严格履行合同,又可以作为追究不履行合同责任的依据。

(8)其他事项。

三、署名与签约日期

在合同(协议的正文之后另起一行,有的专项合同另起一页)上要写上订立合同双方或数方单位的全称,并盖公章。单位代表人要签字,如果是单位委托人签字,需要有单位的委托文书。若有第三方见证单位也要署名、盖章、代表签字。若有必要还要写上各方的电话号码、电报挂号、开户银行及账号。最后另起一行写上签约日期。应注意的是签约日期不一定就是合同(协议)的生效日期。

四、签订农业科技合同(协议)应遵守的原则

1. 合法性原则

签订农业科技合同(协议),必须遵守国家的法律、法令和各项农业科技政策。

2. 资格性原则

订立农业科技合同(协议)的双方或数方必须具有法人资格,即只有经过各级政府许可,具有独立的财产,能够以自己的名义享有权利和承担义务的单位或个人才能订立农业科技合同(协议)。

3. 平等性原则

平等协商、自愿互利是订立农业科技合同(协议)的前提和基础,任何一方都不得把自己的意愿强加于对方,不能搞“霸王合同”,也不能欺诈对方。

4. 信守合同原则

合同(协议)一旦签署,双方应信守合同条款,履行各自的义务职责,并享有各自的利益。诚信在市场经济的社会显得更加重要,信守合同就是诚信的表现,如一方中途毁约,另一

方按照合同有权向毁约方提出赔偿要求。

5. 等价有偿原则

签订农业科技合同(协议)必须贯彻等价有偿的原则,不能搞无偿服务,不能因占有奇货或条件优越而漫天要价。

6. 周全准确原则

订立农业科技合同(协议)时要周密考虑,反复协商,尽可能把涉及的事项都列成条款,详细叙述。此外,概念必须准确,数据务必清楚,语言翔实,标点准确。如需要修改或涂改,必须经双方同意,并加盖公章。金额的数字前面不能留空白,后面要有量词,并大写。

例文

农业生产托管服务合同示范文本

甲方(接受服务方):

法定代表人及身份证号:

地址:

联系方式:

乙方(提供服务方):

法定代表人及身份证号:

地址:

联系方式:

根据有关法律法规及政策规定,甲乙双方本着平等、自愿、有偿的原则,就农业生产托管服务有关事项协商一致,订立本合同。

第一条 服务内容

甲方将县(市、区)乡(镇、街道)村(社区)村民小组(居民小组)的亩(作物,如水稻、玉米、茶叶等)的(如生产资料供应、耕种防收等农机作业、烘干仓储或全程种植技术解决方案)委托给乙方开展生产托管服务。(甲方如托管两个地块以上作物的,可按本款格式补充。)

第二条 服务标准

甲乙双方就服务的技术标准、质量标准等协商达成约定,作为本合同附件,与本合同具有同等法律效力。【甲乙双方可参照《农作物生产托管服务标准指引》(附后),就服务事项协商约定相关标准并附于本合同之后】

第三条 服务期限

乙方根据农时需要和生产技术要求,在______年____月____日至______年____月____日期间完成甲方委托的作物环节的生产托管服务。(如乙方提供的生产托管服务需在不同时间内进行,甲乙双方可根据实际情况分项约定具体服务时间。)

第四条 服务费用

乙方为甲方提供的生产托管服务价格为人民币________元/亩,服务面积________亩,总费用人民币________元(大写:________)。(如乙方提供的服务无法按照上述方式计算服务费用，甲乙双方可根据实际服务过程中的具体情况协商约定服务费用。）

第五条　支付方式

甲方于本合同签订当日，支付乙方服务费用总额的百分之______（小写：______%）计人民币________元（大写：________）作为订金。乙方所有服务完毕并经甲方验收合格后，甲方于______日内支付乙方剩余服务费用人民币________元（大写：________）。（甲乙双方可约定签订合同之日支付全部服务费用，或约定完成生产托管服务后一次性支付全部服务费用，或约定从甲方委托乙方销售农作物收益中扣除服务费用。）

第六条　甲乙双方的权利和义务

（一）甲方的权利和义务

1. 托管服务期间始终享有对托管地块的承包经营权，托管地块产出品归甲方所有。

2. 按照合同约定接受乙方提供的生产托管服务，要求乙方按照《农作物生产托管服务标准指引》约定标准开展服务。对乙方服务进行监督和评价，验收服务成果。

3. 有权阻止乙方实施破坏农用地和其他农业资源的行为。若因乙方故意或过失破坏托管地块种植条件、给土地造成严重损害或者严重破坏土地生态环境的，有权要求乙方赔偿由此造成的损失。

4. 为乙方开展生产托管服务提供必要条件。（甲乙双方可根据实际情况约定甲方应提供必要条件的具体内容和时间。）

5. 法律法规、规章和政策所规定的其他权利和义务。

（二）乙方的权利和义务

1. 要求甲方在约定时间内提供必要的作业条件，并对服务结果进行验收。

2. 按照合同约定为甲方提供符合《农作物生产托管服务标准指引》要求的生产托管服务，并向甲方解读服务内容。

3. 法律法规、规章和政策所规定的其他权利和义务。

第七条　违约责任

（一）甲方逾期未支付服务费用的，从逾期之日起每日按应支付服务费用总额的百分之__________（小写：__________%）向乙方支付违约金，但不超过应付服务费用总额的百分之五十。

（二）乙方未按本合同约定提供服务，造成甲方损失的，应予以赔偿，具体赔偿金额和方式由双方协商确定。

（三）任何一方违约所造成的损失，均由违约方负责赔偿。

（四）因不可抗力等重大因素导致本合同无法履行的，双方可以协商解除本合同，双方均不承担违约责任。

第八条　争议处理

甲乙双方发生争议，应协商解决。如协商不成，可以向服务所在地农业行政主管部门申请调解，也可以向服务所在地人民法院提起诉讼。

第九条　其他约定事项

（一）本合同自甲乙双方签字之日起生效。

（二）未尽或需调整事宜经甲乙双方协商一致可签订补充协议，补充协议与本合同具有同等法律效力。补充协议与本合同不一致的，以补充协议为准。

（三）服务所在地村委会或村集体经济组织可对甲乙双方的托管服务关系予以指导和监督。

（四）本合同（包括附件《农作物生产托管服务标准指引》）一式两份，甲乙双方各持一份，具有同等法律效力。

（五）其他约定事宜。略 。

附件：农作物生产托管服务标准指引。

甲方（签字或盖章）：

时间：________年______月______日

乙方（签字或盖章）：

时间：________年______月______日

任务实施

目前国内种业公司多采用委托代繁或“公司＋农户”“公司＋基地＋承包户”“公司＋合作社＋农户”等种子繁育生产组织管理模式。

现以某家种业公司种子生产部经理身份，与种子生产合作社起草签署一份 2 万亩制种合同。同桌可以分别扮演企业方和合作社方进行合同条款商讨，同时使用 AI 法律文书工具对合同条款法律合规性进行核查修改。

任务评价标准

（1）合同（协议）格式和条款约定规范（20％）；

（2）合同（协议）条款约定遵守合法性原则和平等性原则（30％）；

（3）条款表述逻辑清晰，数字、单位表述准确，合理使用表格（30％）；

（4）违约条款严谨，充分尊重和保障双方权益（20％）。

知识训练

一、思考题

思考题参考答案

1. 在农业科技合同的撰写中，为什么需要在正文中明确“技术经济要求”这一条款？请举例说明。

2. 签订农业科技合同时，如何体现“平等性原则”？请结合具体案例解释。

3. 在农业科技合同中，违约责任条款的作用是什么？如何合理制定违约责任条款？

4. 农业科技合同与协议的主要区别是什么？在什么情况下可以互相替代使用？

5. 在签订农业科技合同时，为什么需要遵守“合法性原则”？违反这一原则可能带来什么后果？

二、填空题

1. 合同的标的是指签订合同双方的权利和义务所指的____________。

2. 在科研协作合同中，“技术经济要求”是合同的____________部分，需写得具体、详细。
3. 农业科技合同的标题一般由合同的____________加“合同”或“协议”二字构成。
4. 在合同中，取得对方产品或服务所支付的费用称为____________或酬金。
5. 农业科技合同的履行期限应明确到____________，不能使用模糊的时间段。
6. 签订农业科技合同时，双方单位需具有____________资格，即独立承担权利和义务的能力。
7. 农业科技合同中的____________条款用于规定因不履行合同而需承担的责任。
8. 在合同中，金额数字前面不能留____________，后面需加量词并大写。

填空题参考答案

任务 4

项目申报书写作训练

学习任务描述

农业科技项目申报不仅是推动农业科技进步和乡村振兴的关键环节，也是提升农业生产效率、促进农业可持续发展的重要手段，同时也是农业科技单位和科研团队获得项目经费支持的重要途径。在本任务中，以乡村振兴、农业农村和农技推广系统开展的各类财政经费支持项目申报为载体，系统学习项目申报书写作的特点和写作要求，并对相关项目申报书的填写进行实战训练。

相关知识

农业科技项目申请申报类应用文是一种科技活动实用文体，它是集体或个人就科学技术中的某一具体事宜，向上级或有关部门申述情况、说明理由、表达意愿、提出请求的书面材料。它是开展科技活动必须填报的前提性申请文件，只有在有关部门批准后，申报单位才能开展申请的行动，办理申请的事宜，实现申请的愿望。因此，它对开展科技活动有着决定性的作用和重要的意义。

一、项目类科技应用文的特点和分类

（一）项目类科技应用文的特点

项目申报类应用文除具有科技应用文的共性特征外，还具有其自身的个性特征。概括起

来主要有以下几点：

（1）针对性强。项目类科技应用文的读者对象是特定的、具体的，并且是个别的。它的读者仅限于有相应评审、审批权限的专家、上级机关或有关部门的管理者。

（2）规范化的表格格式。项目类科技应用文的写作目的非常明确，内容比较单一，在实践中大都形成固定的、简洁的、便于使用的统一格式。如全国农业财政资金项目申报统一使用标准的文本格式。

（3）时效性强。项目申报类应用文是针对工作中某一具体问题而提出的，而这些问题的解决具有很强的时间要求，时机一过就得不到批准。

（4）竞争性强。由于各种条件的限制，上级有关部门对项目多采用申报评审制度。每个项目申请都面临着众多的竞争，都要接受专家评审和上级主管部门筛选审核。

（5）论述性强。项目申报书的目的在于获得上级有关部门的批准，为此，要对申报项目或成果的目的、作用、意义、内容、经济效益、社会效益、学术作用进行全面说明和论证，使上级有关部门清楚地了解申报内容，正确地做出选择和评价。

（6）语言简明准确、科学性强。

（二）项目类科技应用文的分类

按科技活动的进程分类，主要有3个阶段：

（1）科技活动的准备阶段，包括项目（科研课题）申报书、项目（科研课题）投标书、技术引进项目申报书等。

（2）科技活动的实施和进行阶段，包括项目中期检查申报书、项目提前或延期申请书等。

（3）科技成果的管理、推广阶段，包括项目鉴定书、验收申请书、专利申请书、科技成果奖励申报书、科技成果推广申请书等。

二、项目申报书的内容

由于项目（科研课题）主管部门不同，项目内容、性质、类型不同，项目申报书的内容结构也有所不同，但一般应包括以下几个部分。

1. 封面

项目申报书的封面主要有类号、编号、密级、课题级别和类别、项目名称、承担单位、协作单位、申报主管单位、起止时间和填报时间等内容，按照项目申报书的填写说明根据具体情况填写即可。

2. 项目的国内外概况、目的和意义

（1）项目的国内外概况，即阐明该项目建设的背景，指出该项目在国内外同类研究中所处的学术地位或技术水平。具体地，一般应包括以下几个方面：国内外研究现状、水平和发展趋势，已有哪些先进技术或理论方法，采取的科学技术原理，主要技术经济指标或学术水平；现有技术或理论方法存在的缺点或尚待解决的关键技术或理论问题。写作时，应简明扼要，不要把一大堆材料不分主次地摆上去，以免给人以杂乱无章的感觉。

（2）项目的目的，是指该项目为了解决什么问题以及最终要达到的目标。它不仅是项目建设的努力方向，也是批准项目和验收项目的重要依据。

（3）项目的意义，是预测项目获得预期成果之后将会对国民经济建设产生什么作用和影响，能有多大的经济效益或社会效益等。这部分内容是项目申报书能否获准的关键。写作时

既要实事求是，又要深入浅出，论述合理，简明扼要，突出重点，以便适应管理者阅读的要求。

3. 项目的内容、关键技术和指标

这部分内容是项目申报书的技术核心。

（1）项目的内容，是指该项目的具体研究或建设的内容。

（2）关键技术，是指决定、制约该项目开展的主要技术环节、难点、关键技术等。

（3）指标，是指该项目最终所要达到的技术水平（或理论水平）和获得的综合经济、社会效益指标。

这一项内容在写作时常采用条款方式，将内容逐一列出。

4. 现有条件

现有条件是指保证完成该项项目任务的客观条件，主要包括现有的试验或生产场地、试验或生产设备、文献资料、人员水平和结构、原材料以及该项目的前期基础状况等内容。

5. 主要措施

主要措施是指为了完成该项目而准备采取的技术措施、组织措施和资金保障措施。

（1）技术措施包括拟采取的研究方法、技术路线以及技术条件等。

（2）组织措施是指项目人员的选择和配备、协作安排和协调等。

（3）资金保障措施是指项目资金的筹措途径与额度。

6. 地点、规模和进度安排

（1）地点、规模是指项目实施的场所和大小程度。项目地点要充分利用现有的试验或生产条件，结合社会上已有的先进试验设备和手段进行选择。

（2）进度是指分阶段（如月、季度或年）的安排意见，各阶段预计达到的指标；进度安排是主管部门或委托单位检查项目进展的依据，要写得详尽、具体，操作性强，在时间安排上要留有余地。

7. 经费概算和经费来源

（1）经费概算包括项目研究中所需的材料费、设备购置费、差旅费、资料费、基建费、人工费用、管理费等。估算费用必须实事求是，从需要出发，还要考虑到批准的可能性，否则将达不到获准的目的。

（2）经费来源分国家拨款、地方财政、自筹和委托方支付等多种途径，应写明拨款数量，有时还要附各阶段支付的比例。

8. 关键设备和材料购置

这一项和第四项的区别是：第四项指的是现有的设备和材料，其中也可能包括关键的设备和材料；本项内容是指完成该项目还要添置的关键设备和材料。写作时，采用列表法，将主要的设备、材料的名称、规格、型号、数量、价格等都写上。还要写清是国外引进、国内购买，还是借调等途径。

9. 承担单位和主要协作单位

写作时，除了要把承担单位、协作单位的全称写清楚，还要写明各单位的具体分工情况、各自所承担的任务、要完成的技术指标和进度，力求具体，避免课题实施过程中扯皮。

10. 项目负责人和参加人员

主要包括课题成员各自的姓名、技术职称、专业、所在单位以及在本项目中的分工等。

11. 主管部门审查意见

这一项由接受申报书的科研项目主管单位填写。内容包括：对申报项目提出的综合评价，对是否批准项目实施提出建议，其他需要说明的问题。

例文

（封面）

自治区农业科技推广与服务项目

立 项 申 请 书

项目名称：×××县枸杞种苗繁育基地建设项目

项目承担单位：×××县枸杞产业发展中心（盖章）

项目主管部门：×××县农业农村局（盖章）

项目申报时间：2022 年 1 月 14 日

自治区党委农办、自治区财政厅　印制

（封 2）

填写说明（略）

（内页）

一、项目基本情况

<table>
<tr><td colspan="2">项目名称</td><td colspan="3">×××县枸杞种苗繁育基地建设项目</td></tr>
<tr><td colspan="2">项目领域</td><td colspan="3">特色林果业领域</td></tr>
<tr><td colspan="2" rowspan="2">当年总投资（万元）</td><td rowspan="2">220</td><td>申请自治区补助资金（万元）</td><td>70</td></tr>
<tr><td>自筹资金（万元）</td><td>150</td></tr>
<tr><td colspan="5">项目实施地点（落实到具体的乡村）：×××县托里镇吾夏克巴依西村</td></tr>
<tr><td rowspan="6">项目承担单位</td><td>名称</td><td colspan="3">×××县枸杞产业发展中心</td></tr>
<tr><td>单位性质</td><td colspan="3">事业单位</td></tr>
<tr><td>法人代表</td><td colspan="3">×××</td></tr>
<tr><td>地址和邮编</td><td colspan="3">×××县乌鲁木齐路×××号、×××</td></tr>
<tr><td>法人代表联系方式</td><td colspan="3">×××</td></tr>
<tr><td>单位联系电话</td><td colspan="3">×××</td></tr>
<tr><td colspan="5">项目概述（包括项目单位情况简述，项目主要目标任务、主要技术支撑、筹资渠道及产生的效益情况等）（300字以内）：
×××县枸杞产业发展中心，是新疆唯一从事枸杞研究、示范、推广的专业研究机构。建成新疆×××枸杞种质资源汇集中心，收集和保存了枸杞种苗 8 923 株。建立了采穗圃 2 207 亩，良种繁殖圃 280 亩。培育出精杞 1 号、精杞 2 号、精杞 4 号等优良品种。现有高级职称 1 人、中级职称 2 人、初级职称 14 人，能够</td></tr>
</table>

保障该项目所有研究目标的实现和解决项目研究过程中遇到的技术难点。该项目建立精杞4号枸杞种苗繁育基地200亩，采用枸杞营养杯育苗技术繁育营养袋苗木500万株，培育发展枸杞全产业链，通过项目的实施促进种苗繁育基地规范化建设，实现枸杞种苗良性、高质量发展，实现农业增效，农民增收。项目总投资220万元，其中申请自治区补助资金70万元，自筹资金150万元。
项目主要考核指标(100字以内)： 通过一年时间，建设精杞4号种苗繁育基地200亩，年繁育枸杞苗木500万株，培育发展农业全产业链1个，通过项目的实施促进种苗繁育基地规范化建设，实现枸杞种苗良性、高质量发展，实现农业增效，农民增收。

二、项目建设的可行性

支撑项目的技术简述(包括主要技术特点，已经示范推广的效果，如有相应成果转化鉴定证书或应用证明请复印附后)(300字以内)： 枸杞营养杯嫩枝扦插育苗技术：采用枸杞嫩枝扦插育苗，具有繁殖速度快，苗木纯度高，根系发达，移植后成活率高，生长快等优点。 枸杞营养杯育苗大棚温湿度控制技术：枸杞嫩枝插穗属于综合生根类型，愈伤组织生根较多。 生根的最佳条件是棚内气温30～33 ℃，基质(容器10 cm营养土内)温度25～28 ℃，棚内空气相对湿度92%～95%。 枸杞营养杯育苗光照控制技术：春秋两季采用75%遮阳网，夏季采用90%遮阳网；照度控制在9 000 lx。 通过营养杯方式开展苗木繁育工作，提高优质成苗率水平；针对“精杞4号”优良品种提出有针对性的育苗技术。通过对枸杞密度控制，结合科学施肥滴灌技术、花果管理、有害生物防治技术，提出枸杞高效栽培优化模式，进行推广示范。
项目实施地基本条件简述(包括资源、经济社会和基础设施条件)(200字以内)： ×××县属温带干旱荒漠型的大陆气候，昼夜温差大，日照时间长，年日照达2 700多个小时，无霜期170多天，平均年降水量102 mm，年平均气温7.2 ℃，最适合枸杞种植。枸杞是×××最具地方特色的主导产业、地理标识农产品和中欧互认产品，全县现有枸杞种植面积10.92万亩，年产近6万t鲜果(干果1.47万t)，可实现产值6.6亿元，占农业总产值的35%，农牧民纯收入中来自枸杞产业的收入占21%，已经成为农业增效农民增收的重要产业。
项目预期经济、社会、生态效益简述(150字以内)： 经济效益：解决了×××县枸杞良种苗木长期从宁夏外调的局面，降低了种植户苗木投入成本。同时带动周边具有劳动能力的农户，从事苗圃生产管理，增加了农牧民的收入，收到了良好的经济效益。 社会效益：提高枸杞苗木产量和质量，提高全县枸杞良种使用率、加快枸杞良种化进程，引领了×××县枸杞苗木培育发展方向。培育主导特色产业，促进枸杞产业发展，实现农业增效和农民增收，对发展地区农村经济、增加农民收入产生重要影响。 生态效益：繁育出枸杞优良品种，可进一步扩大当地的枸杞种植规模，从而在一定程度上提高当地的林木覆盖率，有利于改善当地局部地区温湿条件，调节土壤温度和湿度，增加土壤腐殖质和营养元素，提高土壤保水保肥能力。

三、项目建设内容

<table>
<tr><td colspan="4">项目实施范围、期限、主要实施内容和技术方案、组织保障措施(400字以内)：
本项目位于×××县托里镇吾夏克巴依西村。
实施期限:2022年1月1日至2022年12月31日止。
主要实施内容:通过一年时间,建设精杞4号种苗繁育基地200亩,年繁育枸杞苗木500万株,培育发展枸杞全产业链,通过项目的实施促进种苗繁育基地规范化建设,实现枸杞种苗良性、高质量发展。
技术方案:枸杞营养杯嫩枝扦插育苗具有繁殖速度快,苗木纯度高,根系发达,移植后成活率高,生长快等优点。通过总结“精杞4号”优良品种枸杞营养杯嫩枝扦插育苗技术,以多种形式指导枸杞苗木繁育技术,提高科学管理水平,促进精河县枸杞种苗繁育基地规范化建设,实现枸杞种苗良性、高质量发展。
组织保障措施:(1)技术保障机制。成立专家指导组,充分发挥技术优势,加强技术推广应用、技术指导与培训工作。(2)机制保障措施。在项目实施过程中严格执行项目管理制度,严格把控好项目建设质量、基础设施配备情况以及资金的使用情况,规范建立育苗档案,确保项目顺利完成。</td></tr>
<tr><td colspan="4">项目负责人基本情况</td></tr>
<tr><td>姓　名</td><td>单位</td><td>职务及职称</td><td>联系方式</td></tr>
<tr><td>×××</td><td>×××县枸杞产业发展中心</td><td>主任、高级工程师</td><td>×××</td></tr>
<tr><td colspan="4">项目申请资金拟支出范围(支出内容主要是:材料费、仪器设备费、劳务和咨询费、差旅费、资料信息费、会议费、培训费、技术协作费等)：
材料费59万元,检测费1万元,劳务费8万元,差旅费0.6万元,资料信息费0.4万元,会议费0.5万元,培训费0.5万元。</td></tr>
</table>

四、审定和责任承诺

<table>
<tr><td>组织申报主管部门(地、州、市党委农办,自治区有关厅、局、院)审查意见：

(盖章)
年　　月　　日</td></tr>
<tr><td>地州市财政局或自治区有关厅、局、院财务部门审查意见：

(盖章)
年　　月　　日</td></tr>
<tr><td>自治区党委农办、自治区财政厅审定意见：
经组织专家组筛选、审定,批准该项目立项,补助资金金额以年度《自治区农业科技推广与服务项目计划》的通知为准。
请项目主管部门通知并指导项目承担单位按照此申请书相关内容和批准的补助资金,科学编制实施方案,有序推进实施,确保按期完成任务和组织验收。

(盖章)
年　　月　　日</td></tr>
</table>

任务实施

根据近年来中央一号文件精神，财政部每年向全国各省下达乡村振兴补助资金，重点启动乡村振兴衔接示范区、国家级农业产业强镇、国家级现代农业产业园、国家级优势特色产业集群、国家级农业现代化示范区、国家农业科技园、国家现代农业高新技术示范区、国家级田园综合体、省级田园综合体等国家级、省级项目建设。各省、区、直辖市启动一村一品、一县一业、一镇一特、农业合作社等财政支持项目，以及农业科技创新、农技推广等项目申报。

现结合你家乡或你感兴趣的领域，收集相关村镇特色产业发展资料，按照农业财政资金项目申报标准文本格式，编制×××乡镇×××生产基地项目申报材料。

任务评价标准

(1)按照项目申报书制式要求，各部分内容填写规范(20%)；

(2)项目必要性和建设条件背景数据翔实、论证充分(30%)；

(3)建设方案设计符合申报要求，资金预算合理(30%)；

(4)绩效指标合理，社会效益显著(20%)。

知识训练

一、思考题

思考题参考答案

1. 项目申报书的“针对性”体现在哪些方面？结合实例说明。

2. 项目申报书的“时效性”对项目申报成功有何影响？如何确保时效性？

3. 在撰写项目申报书时，为什么需要对项目的“目的”和“意义”进行详细阐述？举例说明。

4. 在项目申报书的“经费概算”部分，如何做到既满足项目需求，又提高获批的可能性？

5. 项目申报书的“现有条件”部分包括哪些内容？为什么要充分展示现有条件？

二、填空题

1. 项目申报书的读者对象通常是具有评审、审批权限的____________或____________的管理者。

2. 项目申报书的写作目的非常明确，内容比较单一，通常采用________________的表格格式。

3. 在项目申报书中，____________是指决定、制约项目开展的主要技术环节和难点。

4. 项目申报书的____________是指项目实施的具体场所和大小程度。

5. 在项目申报书中，____________是主管部门或委托单位检查项目进展的依据。

6. 项目申报书的＿＿＿＿＿＿部分包括项目所需的材料费、设备购置费、差旅费等。

7. 项目申报书的“关键设备和材料购置”部分通常采用＿＿＿＿＿＿法列出设备名称、规格、型号等。

8. 项目申报书的＿＿＿＿＿＿部分需写明课题成员的姓名、技术职称、专业及分工情况。

填空题参考答案

项目 4

农业科技报告写作训练

项目导学

这里所说的农业科技报告是一大类农业科学技术报告的总称，其中包括：反映调查或考察结果的调查报告和考察报告，描述实验过程和实验结果的实验报告，工艺改进、产品（服务）设计和技术集成创新报告，汇报农业科技工作进展情况的工作进度报告和技术总结报告等。

农业科技报告以报告内容的内在逻辑、时间顺序或空间结构为主线，多采用叙述的手法客观地反映报告的内容。农业科技报告能够综合、详细、全面地报告科技活动，具有信息量大、以报告为目的、无须学术鉴定、审查内容传播迅速的特点，在农业科技领域广泛使用。

在本教学项目中，重点就农业类高职、职业本科学生毕业设计和就业后从事科技工作常用的科技报告文体进行写作知识学习训练，掌握写作规范和技巧。

学习目标

知识目标

1. 准确描述农业试验报告的基本要求、一般格式、相关规范和写作要点；

2. 准确描述调查和考察报告的基本要求、一般格式、相关规范和写作要点；

3. 准确描述工作总结报告的基本要求、一般格式、相关规范和写作要点；

4. 准确描述工艺改进和产品(服务)设计报告的基本要求、一般格式、相关规范和写作要点。

技能目标

1. 能规范撰写农业试验报告；

2. 能规范撰写调查和考察报告；

3. 能规范撰写工作总结报告；

4. 能规范撰写工艺改进和产品(服务)设计报告；

5. 能借助AI写作工具辅助完成农业科技报告写作任务。

素质目标

1. 增强农业科技工作坚持客观真实、实践检验、科学严谨的作风建设；

2. 深化对国家“一带一路”向西开放的了解，理解大国外交的精神实质；

3. 培养问题导向、需求导向开展调查研究、分析归纳、立足实际创新改革的科技工作逻辑能力。

知识图谱

- 农业科技报告写作训练
  - 农业试验报告写作训练
    - 试验报告与论文的异同
    - 试验报告的写法
      - 标题的撰写规则
      - 署名的规范要求
      - 摘要的编写指南
      - 正文内容结构 —— 引言部分、试验设计、试验结果与分析、小结
      - 参考文献
    - 技能训练 —— 根据试验数据撰写试验报告
  - 调查报告和考察报告写作训练
    - 农业科技调查报告概述 —— 调查报告定义与类型、调查报告作用
    - 农业科技调查报告特点 —— 尊重客观实际、揭示事物本质、得出正确结论
    - 农业科技调查报告结构 —— 标题、署名、正文（前言、调查结果、分析与讨论、结语）
    - 农业科技考察报告结构 —— 概述、考察细目（考察内容归类分析、归纳）、主要体会与建议
    - 技能训练 —— 制订农资市场调查方案，开展市场调查撰写一份农资市场调查
  - 工作总结报告写作训练
    - 工作总结报告概述 —— 工作总结定义与重要性、工作总结作用与特点
    - 工作总结报告的分类 —— 综合性总结与专题性总结
    - 工作总结报告的基本结构 —— 标题、前言、主体（过程与做法、成绩与经验、问题和教训等）、结尾
    - 写作注意事项 —— 实事求是原则、突出重点与抓住关键、突出特色与个性
    - 技能训练 —— 撰写岗位实习生产技术工作总结报告
  - 工艺改进和产品（服务）设计报告写作训练
    - 工艺改进和产品设计报告概述 —— 报告特点与分类、基本结构与内容要求
    - 工艺改进报告结构 —— 标题、摘要、目录、正文（背景意义、现状分析、改进方案、实施成效、总结与展望）、总结展望、附录
    - 产品（服务）设计报告结构 —— 背景意义、市场调研与分析、设计方案、创新点、总结建议、附录
    - 写作注意事项 —— 用户需求导向与数据支撑、方案具体翔实与创新实用、图表结合与语言逻辑
    - 技能训练 —— 撰写艺改进方案报告或产品（服务）设计报告

任务1

农业试验报告写作训练

学习任务描述

农业技术人员为不断提高农业生产效益，研究解决生产问题，常年需要开展品种、农药、配方施肥、种植模式等领域的科学试验，同时还会承接全国农业推广体系统一布置的农业试验，或单位、本人设计的试验。当按照试验计划完成试验任务，对收集的数据进行统计分析后，就需要撰写试验报告上报上级业务部门或公开发布。在本任务中，重点学习农业试验报告写作要求和规范，通过试验数据案例训练写作技巧。

相关知识

农业试验，是指为了考察农业科技领域某事物的性能或效果而先在实验室或小范围生产试验内从事的科学实践活动。农业试验报告，就是把这种试验的目的、原理、设计、过程、结果及其分析写成合乎一定规格要求的文字总结材料。它是试验结果的完整反映和记录。

一、试验报告与论文的异同

在表述农业科技研究这一学术内容方面，农业科技论文与农业科技试验报告是既有相同之处又有区别的姐妹篇。

二者相同之处在于：二者都是农业科研活动的记录，都具有很强的科学性、技术性和专业性，不仅要使用文字进行表述，还要使用专业术语、略语、代号、图表进行表述；两种文体的格式也很相似。

二者的区别在于：农业科技论文主要是阐述农业科研成果并把结果上升到理论的高度，作出科学的论断，提出有创造性的见解。虽然论文也是农业科技活动的记录，但它记录的只是与创造性成果有关的部分，而不包括一般的研究过程和琐碎的具体材料。而农业试验报告则不同，它要全面反映试验的整个过程，包括设计、方法、条件、结果等全部细节，不论试验成功与否，都可以写试验报告，成功了写经验和成果，失败了写教训和原因。这一点与论文明显不同，只有在做了成功的试验并获得了创造性的成果，才能写出有价值的论文，而试验报告显然不受此限。

二、试验报告的写法

（一）标题

标题要直言陈述试验的内容，力求准确、简练。标题的通式一般为：学科＋内容＋文章体裁，如《西瓜（学科）基施有机肥效益（内容）试验报告（体裁）》。有的标题还在学科前加上试验地点，如《喀什地区戈壁土区夏玉米配方施肥的试验报告》等。

（二）署名

公开发表或与外单位交流的试验报告，署名方法与论文相同（参阅项目 5 相关内容）。

（三）摘要

较长的试验报告应该写一个内容摘要，其方法、长短可参看论文摘要的写法（参阅项目 5 相关内容）。

（四）正文

正文一般包括 4 个方面的内容。

1. 引言

引言也叫前言，有的写成“试验目的”。其实是交代为什么要搞这项试验。除此之外还要对试验内容和结果加以概括交代。

2. 试验设计（或基本情况）

这一部分要比论文交代得更加详细。要清楚地介绍试验的处理内容和方法。有的把这一部分加上“材料与方法”或“基本情况”等标题。例文中这一部分就详细交代了试验处理、重复次数、面积、土壤肥力等情况。

3. 试验结果与分析

首先，要全面地写出试验结果。无论结果与预期目的是否吻合，也不管结果是否合乎正常的逻辑规律，都要全面地、真实地反映出来。其次，要对试验结果进行整理分析，对于有创造性的试验结果来说，通过数理统计或其他分析方法进行整理分析，可以将其上升到理性的高度，提出有创造性的见解。对一般试验结果，对其进行系统的整理分析，也可以对其有更深的了解。

这一部分是整个试验报告的核心部分，要细致整理归纳和深入分析。

4. 小结

这一部分是对试验结果的高度概括和归纳总结，无论试验结果是否具有先进性、创造性，也无论试验结果是否合乎一般规律，都要实事求是地加以总结，得出结论。

目前，国家农业推广系统统一组织的品种区试、土肥试验、农药试验等都制订有统一的试验设计、试验管理、数据采集项目，以及统计分析软件程序，在承担以上统一执行试验项目时要严格遵照试验要求开展试验项目，进行其他试验时可参照农业行业统一下发的试验方案和规范要求。

例文

完整型农业科技产品说明书：

×××县玉米“3414”试验报告

×××

×××（工作单位）×××（地点）×××（邮编）

1. 试验目的

为了获得×××县玉米的最佳施肥量、施肥比例、施肥时期，摸清土壤养分校正系数、土壤供肥能力、不同作物养分吸收量和利用率等基本参数，为×××县构建作物施肥模型、施肥分区和肥料配方提供依据。

2. 试验基本情况

2.1　试验材料

供试作物为玉米，品种为郑单 958；供试肥料含 46％的尿素、46％的过磷酸钙、40％的硫酸钾。

2.2　试验设计

试验设氮、磷、钾 3 个因素，4 个水平，14 个处理。0 水平指不施肥，2 水平为最佳施肥量，1 水平＝2 水平×0.5，3 水平＝2 水平×1.5。试验氮、磷、钾 2 水平参照“自治区土肥站北疆玉米 3414 设计方案”，N、P_2O_5、K_2O 纯用量分别为 15 kg/667 m^2、6.4 kg/667 m^2、2 kg/667 m^2。氮肥 33％做基肥，67％做追肥，磷肥、钾肥全部做基肥。基肥在播种整地前一次性施入，追肥在灌头水时施入。各小区宽 4 m，长 10 m，面积为 40 m^2。每小区种植 8 行，行距 50 cm，每行 38 株。

3. 试验实施

试验安排在×××县×××村×××玉米地。土壤类型为灌耕土，肥力中上等。该地前茬为玉米，土壤有机质 19.1 g/kg，pH 7.8，碱解氮 84 mg/kg，速效磷 7.6 mg/kg，速效钾 260 mg/kg，质地为壤土。在试验前采集基础样本，作物收获后按小区采样。

2022 年 4 月 28 日播种；5 月 10 日出苗；6 月 10 日拔节；6 月 28 日追肥；6 月 29 日灌头水。全生育期灌水 6 次，分别在 6 月 29 日、7 月 19 日、7 月 30 日、8 月 10 日、8 月 20 日、8 月 31 日，每次灌水量 80～90 m^3/667 m^2。7 月 20—24 日抽雄，7 月 24 日开始散粉、吐丝，9 月 20 日成熟，9 月 28 日收获。

4. 试验结果与分析

玉米“3414”试验方案处理及产量见表 4-1。

表 4-1　玉米“3414”试验方案处理及产量

试验编号	处理	试验方案养分/(kg/667 m^2)			产量/(kg/667 m^2)
		N	P_2O_5	K_2O	
1	$N_0P_0K_0$	0	0	0	874.8
2	$N_0P_2K_2$	0	6.4	2	997.0
3	$N_1P_2K_2$	7.5	6.4	2	983.2

续表 4-1

试验编号	处理	试验方案养分/(kg/667 m²)			产量/(kg/667 m²)
		N	P_2O_5	K_2O	
4	$N_2P_0K_2$	15	0	2	943.2
5	$N_2P_1K_2$	15	3.2	2	1 006.6
6	$N_2P_2K_2$	15	6.4	2	1 015.2
7	$N_2P_3K_2$	15	9.6	2	1 032.2
8	$N_2P_2K_0$	15	6.4	0	1 022.9
9	$N_2P_2K_1$	15	6.4	1	1 045.2
10	$N_2P_2K_3$	15	6.4	3	1 095.6
11	$N_3P_2K_3$	22.5	6.4	2	1 088.2
12	$N_1P_1K_2$	7.5	3.2	2	1 117.2
13	$N_1P_2K_1$	7.5	6.4	1	1 170.5

4.1　生长期调查结果

通过田间观察，玉米苗期各处理区别不大。玉米拔节期、成熟期植株性状调查显示：拔节期，株高排前 3 位的依次是处理 13、处理 3、处理 7；叶片数排前 3 位的依次是处理 8、处理 10、处理 11，叶色差异不明显；成熟期，玉米的株高排前 3 位的依次是处理 4、处理 3、处理 10；穗位低的依次是处理 8、处理 10、处理 9，茎粗差异不显著。

4.2　对玉米产量结构的影响

14 个处理中千粒重排前 3 位的依次是处理 14、处理 1、处理 6，穗粒数排前 3 位的依次是处理 7、处理 2、处理 12，籽粒产量排前 3 位的依次是处理 13、处理 14、处理 12，秸秆产量排前 3 位的依次是处理 11、处理 3、处理 2，说明合理施用氮肥对玉米产量的构成因子影响很大。

4.3　土壤养分贡献率

$$\text{土壤整体贡献率}=\frac{\text{处理 1 产量}}{\text{处理 6 产量}}=0.862$$

$$\text{土壤氮贡献率}=\frac{\text{处理 2 产量}}{\text{处理 6 产量}}=0.962$$

$$\text{土壤磷贡献率}=\frac{\text{处理 4 产量}}{\text{处理 6 产量}}=0.929$$

$$\text{土壤钾贡献率}=\frac{\text{处理 8 产量}}{\text{处理 6 产量}}=1.00$$

4.4　土壤养分丰缺评价

$$\text{缺素区相对产量}=\frac{\text{缺素区产量}}{\text{处理 6 产量}}\times 100\%$$

相对产量丰缺状况：≤50%极缺，50%～75%低，75%～95%中，>95%高。

$$土壤氮相对产量=\frac{处理\ 2\ 产量}{处理\ 6\ 产量}\times 100\%=96.2\%$$

$$土壤磷相对产量=\frac{处理\ 4\ 产量}{处理\ 6\ 产量}\times 100\%=92.9\%$$

$$土壤钾相对产量=\frac{处理\ 8\ 产量}{处理\ 6\ 产量}\times 100\%=100.8\%$$

土壤氮 96.2%，土壤钾 100.8%为高水平，土壤磷 92.9%为中等水平。

4.5 回归分析

供试肥料价格：尿素 1.75 元/kg，三料过磷酸钙 2.4 元/kg，硫酸钙 4.0 元/kg，玉米 1.45 元/kg。

回归方程：通过平衡施肥田间试验数据处理系统处理得出以下结论。

$$Y=894.97+12.47N+55.98P-14.72K-0.53N^2-5.34P^2-21.77K^2-0.64NP+3.53NK+5.03PK$$

最大施肥量：N 13.15 kg/667 m^2、P_2O_5 5.07 kg/667 m^2、K_2O 1.31 kg/667 m^2，产量为 1 109.24 kg/667 m^2。

最佳施肥量：N kg/667 m^2、P_2O_5 4.73 kg/667 m^2、K_2O 0.79 kg/667 m^2，最佳经济产量为 1 101.52 kg/667 m^2。

5. 结论

玉米肥效试验的最佳施肥量：尿素 19.8 kg/667 m^2、重过磷酸钙 10.3 kg/667 m^2、硫酸钾 2.0 kg/667 m^2，最佳经济产量为 1 101.5 kg/667 m^2。处理 13 与处理 14 的产量最好，其中 N∶P_2O_5∶K_2O 为 1∶0.21∶0.07。

任务实施

假设你是农三师五十三团农技推广人员，负责本团棉花生产技术推广服务工作。棉花黄萎病是典型的土传性病害，除采用轮作倒茬、选用抗病品种等生物防治方法外，生产中主要采用农药防治方法。目前市场上使用药剂品种及生产掺假较多，为能够给种植户推荐药效和质量好的产品，你 2024 年组织了一个药效试验，基本试验数据整理如下：

1. 药剂品种的选择

(1)特效萎必治(10%混合脂肪酸)，由北京市瑞宝生物技术开发公司研制生产。

(2)锰锌・腈菌唑(可湿性粉剂)，由江苏生花农药有限公司研制而成。

(3)2%宁南霉素，由四川金珠生态科技有限公司提供。

2. 试验地的选择

试验地设在农三师五十三团 3 连 2 号地，试验地中壤土，肥力中等，为历年来黄萎病发病较重的棉田，前茬作物为棉花。

3. 试验设计

本试验设 4 个处理 3 个重复，随机排列，小区面积 33.3 m^2。处理 1 为特效萎必治，用清水稀释 2 000 倍液均匀喷施；处理 2 为锰锌·腈菌唑，用清水稀释 300～400 倍液均匀喷施；处理 3 为 2%宁南霉素，用量 100 mL/667 m^2；处理 4(CK)为清水对照。

每小区中、边行各定点 50 株，计 100 株，每处理共 300 株。全生育期共喷药 2 次，第 1 次喷药时间为 7 月 26 日，第 2 次喷药时间为 8 月 3 日。

4. 试验调查的数据

试验调查的数据见表 4-2 和表 4-3。

表 4-2　黄萎病防治效果调查

处理	调查株数/株	药前基数/%	7 月 26 日调查			8 月 3 日调查		
			发病率/%	病指	防效/%	发病率/%	病指	防效/%
1	300	2.67	3.0	0.50	34.8	3.8	1.62	36.7
2	300	3.00	3.2	1.40	30.4	4.0	1.75	33.3
3	300	3.33	3.5	0.90	23.9	5.4	2.30	10.0
4(CK)	300	4.67	4.6	1.90	—	6.0	2.70	—

表 4-3　产量结构调查

处理	收获株数/株	单株铃数/个	单铃重/g	籽棉/(kg/667 m^2)	衣分/%	皮棉/(kg/667 m^2)	增产/%
1	11 200	7. 34	5. 88	483. 4	43. 69	211. 2	14. 3
2	11 400	7. 18	5. 86	479. 7	43. 71	209. 7	13. 5
3	10 800	7. 29	5. 83	459. 0	43. 48	199. 6	8. 0
4(CK)	11 000	6. 71	5. 79	427. 4	43. 25	184. 8	

根据以上试验数据，撰写一份试验报告。

任务评价标准

(1)题目、摘要、关键词、作者行文表述规范(20%)；

(2)试验报告结构内容规范(30%)；

(3)试验数据分析逻辑清晰，结论准确(30%)；

(4)报告篇幅合理，文字表述清楚，易于阅读(20%)。

知识训练

一、思考题

思考题参考答案

1. 农业试验报告与农业科技论文的主要区别是什么？
2. 试验报告的正文部分通常包括哪些内容？
3. 在撰写试验结果与分析部分时，需要注意哪些关键点？

二、填空题

1. 农业试验报告标题的通式一般为：________________________________。

2. 试验报告的署名方法与____________相同。

3. 试验报告的正文部分包括引言、____________、试验结果与分析、小结。

4. 在试验结果与分析部分，需要____________或其他分析方法对试验结果进行整理分析。

填空题参考答案

任务 2

调查报告和考察报告写作训练

学习任务描述

在农业生产经营过程中，分析解决生产经营中出现的问题，了解市场信息，学习借鉴新的技术和做法，主要是通过调查或考察的方式来进行，然后分析调研的结果数据，提出解决问题的意见、建议或见解。在本任务中，以农业科技工作者身份利用课余时间深入本地农资市场，开展一次农资或种子市场调查，通过收集整理和分析相关数据，撰写一份市场调查报告，训练调查报告和考察报告的写作技能。

相关知识

农业科技调查报告和考察报告都是反映农业科技调查研究结果的一种书面报告，二者的写作有很多相同之处，但也有一些差异。

一、农业科技调查报告

农业科技调查报告是对有关农业科技某事物、某问题进行调查研究所获得的第一手资料进行总结分析后，写出来的反映调查研究结果的一种书面报告。

农业科技调查报告有 4 种类型：反映农业科技基本情况的调查报告，总结农业科技典型经验的调查报告，报道农业科技新生事物的调查报告，揭露问题和反映农业科技事实真相的调查报告。

农业科技调查报告的主要作用是交流学术信息、树立典型、揭露问题，为农业科技工作者制定对策、采取措施提供科学依据。

（一）农业科技报告的特点

1. 尊重客观实际

农业科技调查报告以事实为基础，靠事实说话。它的内容必须是真实的、准确的，不能有丝毫的虚构和夸张。

2. 揭示事物本质

材料堆砌不是农业科技调查报告的写作方法，对获得的大量调查材料，一定要进行科学的归纳分析，找出事物之间的内在联系和本质规律。

3. 得出正确结论

农业科技调查报告要求在对事物的起因、发展、结果进行全面分析研究的基础上，得出正确的结论。没有结论的调查报告，只是情况反映，称不上调查报告。

农业科技调查报告既不同于科技论文，也不同于科普作品。它要求语言通俗，但不像科普作品那样浅显。它要求叙述严谨，但不像论文那样注重说理论证。它的重点在于直述调查的农业科技内容，介绍农业科学原理和生产技术，揭示某种尚未探明的农业科技问题，向农业科技工作者提供最新的科技情报，推动农业科学技术的发展。

（二）农业科技调查报告的结构

1. 标题

标题以写明调查对象和内容为原则。有单标题和双标题 2 种类型。

(1)单标题。单标题的一般通式为：地区名十学科名十文体名。如《奇台县春小麦加工品质的调查报告》《新疆昌吉市人工培植牛黄经济效益的调查报告》等。

(2)双标题。正标题往往揭示主题或内容范围，副标题往往补充调查的单位(地点)、对象。如《配方施肥结硕果——新疆巴楚县小麦推广配方施肥技术效益调查》。

2. 署名

一般将作者姓名及工作单位写在标题与正文之间，也有将其署在文末的。

3. 正文

正文一般分为开头、调查结果、分析与讨论、结语 4 个部分。

(1)前言。农业科技调查报告的开头形式多种多样，没有固定模式。常见的开头形式是：简要地介绍调查目的、对象、地点、时间、经过、方式、参加人员等，并高度概括地叙述调查的主要收获。

(2)调查结果。这是调查报告的重要部分。要客观全面地报告调查的主要事实。根据调查内容的逻辑关系，将其归纳为若干问题，或由因到果，或由总到分，或由主到从，或按顺序并列地进行叙述。反映调查结果不能搞材料堆砌，要对调查结果进行科学的归纳分析，得出正确的结论，并以事实说话，以翔实确凿的材料对所提出的结论进行论证。如果调查报告较长，应将各问题冠以标题，加以区分，使文章层次分明，条理清晰。反映调查结果，主要以文字叙述为主，必要时可采用图表等其他表述手段。

(3)分析与讨论。调查报告不仅要客观地反映调查结果，还要对调查结果进行深入细致的分析，了解事物的本质，找出事物之间的内在联系，把调查的问题上升到理性的高度。

(4)结语。写法多种多样。根据实际情况可以提出建议,指出方向,作出展望。也可以总结全文,深化主题,还可以提出解决问题的方法和措施,也可以谈谈体会或指出问题的不足等。

二、农业科技考察报告

调查侧重于对情况的勘察了解,考察除了对情况进行勘察了解外,更侧重于思考分析。因此,考察是一种更深刻、更高层次的调查。农业科技考察报告是考察团在对某个国家或某个地区的农业某科技专题进行综合考察后,写成的反映考察结果的报告,目的在于向领导和广大科技工作人员提供详细的信息,以帮助了解农业科技动态,加强农业科技管理,促进农业科研和生产的发展。

农业科技考察报告与农业科技调查报告的写作形式大同小异,此仅介绍考察报告正文写作的一些独到之处。

1. 概述

概述主要介绍:考察团人员的组成;考察的起止时间;考察的国家或地区、机构;考察的目的、意义;考察的对象、经过及主要收获等。

2. 考察的细目

要根据考察的目的要求,对考察中的所见所闻进行分析、归纳,分成若干条目,逐条目进行详细叙述。考察细目是考察报告的主体,是同行专家和学者关心的部分,故考察结果的主要内容均应在这里予以体现。

3. 主要体会和建议

这里应对考察结果进行高度的总结深化,结合考察目的和本国或本地区的具体情况,提出考察后的体会和建议。

例文

例文1——农业科技调查报告:

×××地区白牦牛疫病调查报告

×××

(×××单位)

摘要:为治愈×××白牦牛疫病提供科学依据,将门诊记录、实验室检测、抽取病例的记录进行统计、汇总、分析,从而得出易发传染病的种类及流行规律,进而提出了×××地区白牦牛易发传染病的治愈方法及预防措施。

关键词:白牦牛;流行病学;调查报告

中图分类号:×××文献标识码:×××文章编号:×××

白牦牛是分布在×××省×××地区境内海拔3 000 m以上的高寒草原上的牦牛地方类群,是×××地区各族人民重要的生产资料和生活资料,其肉、乳等产品属纯天然、无污染的绿色食品,是×××省独有的优势农产品之一。

×××地区白牦牛现存栏4.5万头,占全县牦牛总数8.95万头的50%以上,其中×××、×××、×××等八乡镇为主产区,数量约2.5万多头,占×××地区白牦牛总数的

50%以上。毛色纯白、遗传性能稳定的纯种白牦牛有0.4万头，占×××地区白牦牛总数的8.9%。白牦牛几乎完全依靠高山天然草原摄取食物来维持营养需要。为了摸清×××地区白牦牛疫病的种类、分布、流行规律及危害情况，我们在×××地区白牦牛主产区调查了从2000—2009年白牦牛疫病发生情况，为以后的防治工作提供了科学依据。

1. 调查方法

选择×××白牦牛主产区的×××镇黑马圈河村的710头天祝白牦牛，×××乡西大滩村的625头天祝白牦牛，×××乡南泥沟村的318头白牦牛进行调查。通过查询2000年以来白牦牛的发病情况，统计乡兽医站门诊记录与县畜牧兽医站的疫情记录，实验室检测从屠宰场、养殖户中抽取的病料相结合的方法，对白牦牛的疫病发生、流行、分布、危害、防治情况进行综合分析。

2. 调查结果

2.1　传染病流行及防治方法

通过调查，×××地区白牦牛患传染病共10种，其中一类传染病1种(牛肺疫)，二类传染病4种(炭疽病、魏氏梭菌病、牛出败病、牛结核病)，三类传染病2种(气肿疽、放线菌病)，人畜共患病4种，但都没造成大面积流行，其中牛出败病发病率略高，呈地方性流行，其余传染病呈散发性发生，治疗后没有形成流行。

2.1.1　牛炭疽病共发病16头，死亡7头，70%为肠炭疽，发病率为1.4%，病死率为43%，共发病4起；使用的疫苗为无毒炭疽芽孢菌苗，每年10月份皮下注射0.5～1 mL/头。

2.1.2　牛放线菌病共发病79头，死亡4头，多为成年牛，发生于夏季，发病率7.2%，病死率5%，3个乡60%的村发现过此病，使用抗菌剂治疗。

2.1.3　破伤风病散在性发生，发病41头，死亡9头，发病率为4%，病死率为21%，使用破伤风类毒素疫苗，每年春季或手术前1个月注射，皮下注射1mL/头，21 d产生免疫力。

2.1.4　牛出败病呈地方性流行，范围广，共发病224头，死亡62头，发病率为21%，病死率为27.6%，共发病15起，造成了7万多元的损失；每年使用牛出败氢氧化铝菌苗，每年5—6月份皮下或肌内注射4～6 mL/头。

2.1.5　牛结核病散在性发生。在2002年屠宰时发现4头骨结核病例，1头肺结核病例，发病率为0.55%，病死率为0。

2.1.6　牛恶性水肿散在性发生，发病27头，死亡16头，发病率为2.5%，病死率为59%，多因外科手术感染，使用的疫苗为梭菌病多联浓缩菌，每头皮下注射2mL。

2.1.7　牛气肿疽发生于夏季，本病发生率相对较小，仅有5头发病，3头死亡，发病率为0.55%，死亡率为60%。

2.1.8　传染性结膜角膜炎即红眼病，夏季发病，呈地方性流行，发病率高达45%，常常造成视力下降、失明，引发撞伤、摔死等现象，应加强管理，做好局部消炎。

2.1.9　牛链球菌病多发生于母牦牛，拒绝挤奶时被发现，发病牛97头，死亡2头，发病率为9%，死亡率为2%，一般能够治愈。

2.1.10　肺疫该地区牛肺疫于1996年达到了净化，2000年全国普检我区采样97份均为阴性。

2.2　寄生虫病发生及防治情况

感染×××地区白牦牛的内外寄生虫有41种之多，多为混合感染，其中线虫23种，绦虫

5 种，吸虫 2 种，蜘蛛昆虫 10 种，原虫 1 种，隶属 4 门，6 纲，10 目，19 种，26 属。为害严重的虫种有双腔吸虫、莫尼茨绦虫、食道口线虫、胎生网尾线虫、古柏线虫、牛皮蝇蚴、牛焦虫等。内寄生虫的驱治在春、秋两季进行，常内服抗蠕敏（5～15 mg/kg 体重）、皮内注射伊维菌素（200 μg/kg 体重），驱治后搜集粪便进行无害化处理。外寄生虫驱治在夏季 7—8 月份进行，通常采用林丹乳油、螨净等药物洗浴。

3. 结论与建议

×××地区兰新铁路、国道 312 线横穿南北，牲畜及其产品交易、流通频繁，易造成疫病传播。该区白牦牛虽有较好的抗寒、抗病能力，各种疫病患病率相对耕牛较低，但因白牦牛几乎全年放牧，草场共用，疫病易形成畜间流行。鉴于我区特殊的地理位置及生产方式，白牦牛疫病综合防治不容忽视。应坚持预防为主的原则，遵循计划免疫，每年春、秋两季严格进行程序化防疫接种和寄生虫驱治。应重点做好下列工作：

3.1　针对疫苗的不良反应，采取应对措施。首先，白牦牛免疫接种后，常有不良反应，白牦牛不同于其他牛种，它具有野性，不易接近，接种时过多地追赶、奔跑常引起一系列的应激反应；其次，由于个体差异，对疫苗的接受能力不同，同等剂量用于个体小的天祝白牦牛会引起毒副作用，不同厂家生产或不同批号的疫苗，白牦牛的接受能力与反应也有不同。因此，注射疫苗时，要避免过多地追赶，先接种个体大的成年牛，观察其反应 1～2 d，正常后再群体接种，如有严重反应，应注射抗过敏药，首选药有强力解毒散、肾上腺素等。

3.2　加强消毒，防止疫病传播。据了解，牛、羊养殖较多的农牧民家中也只有碘酒、酒精等消毒剂，关于消毒重要性及如何消毒了解甚少，疫情发生后，消毒 1～2 d 就重新投放牲畜，造成疫病的再次传播，建议农户应当配备漂白粉（1%）、石灰液（4%）或菌毒敌等消毒剂，每 2～3 周消毒一次，喷洒圈舍、地面。

3.3　改造棚圈结构，保暖防病。该区无霜期仅 3～4 个月，冬季较漫长，气候寒冷与营养缺乏常造成白牦牛大幅度掉膘，白牦牛抵抗力下降，疫病乘虚而入。遇到气候突变的春季，常有大批天祝白牦牛因防御措施不当而冻死，应加强冬季保暖，改造棚圈结构，适当补饲，降低发病死亡率，减少掉膘，增加经济收入。

例文 2——农业科技考察报告：

乌兹别克斯坦棉花生产考察报告

×××、×××、×××

（×××单位　新疆石河子 832000）

摘要：×××年×××月，新疆农垦科学院组织 4 人赴乌兹别克斯坦开展棉花生产现状考察。本文概括总结了本次考察团对乌兹别克斯坦棉花产业的调研情况，针对当地棉花产业存在的问题提出了建议和措施，以为今后更好地开展棉花产业科技合作与交流提供参考和借鉴。

关键词：乌兹别克斯坦；棉花；产业；现状；发展；建议

×××年×××月，在“兵团优势农作物在乌兹别克斯坦的引进种植及配套栽培技术研究”国际合作项目支持下，新疆农垦科学院牵头组织 4 人于×××年×月×—×日，赴乌兹别克斯坦开展农业生产现状考察。考察团实地走访了乌兹别克斯坦鹏盛园区和其下属公司乌兹别克斯坦农林科技农业产业园、乌兹别克斯坦农业大学、乌兹别克斯坦国家棉花研究所等，并与有关专家和负责人进行了座谈，就乌兹别克斯坦棉花品种选育、种子资源保存、栽培技术、植物保护、采收、加工、销售、棉花生产技术推广及新技术示范等进行了广泛交流和全面了解，为今后更好地实施项目打下了坚实基础，为今后中乌两国更好地进行棉花生产技术交流和合作提供了途径。现将此次考察总体执行情况报告如下。

1. 乌兹别克斯坦棉花种植总体情况

乌兹别克斯坦位于北纬 41°16′，东经 69°13′，海拔 440～480 m，平原低地占全部国土面积的 80%，年降水量 200～300 mm，最高气温 41～45 ℃，最低气温 −35 ℃，昼夜平均温差 13～14 ℃，有效积温 4 800～5 300 ℃，无霜期 195 d 以上。具备棉花种植的气候条件，总体上比新疆棉区有明显优势，但也明显存在受夏季高温危害的不利因素。乌兹别克斯坦共有 1 个自治共和国(卡拉卡尔帕克斯坦自治共和国)、1 个直辖市(塔什干)和 12 个州(安迪延州等)。各个地区气候条件差异不大，均有棉花种植，按地理区域分为北部棉区、费尔干纳、2 个中部区域和南部棉区五大棉区。乌兹别克斯坦的棉花在世界上占有很重要的地位，全国棉花种植面积 150 多万 hm^2，产量约 300 万 t，占全世界总产量的 4.5%，位居世界第 6 位[1-2]。

2. 乌兹别克斯坦棉花种质资源及育种情况

2.1　种质资源情况

乌兹别克斯坦在苏联时期就开始收集棉花种质资源，是世界上棉花种质资源较丰富的国家之一，收集来源遍布世界各地，还设立了专门的种质资源收集实验室。目前，在乌兹别克斯坦仍保存有 1.7 万多份种质，其中，来自北美洲 4 000 多份，南美洲 600 多份，亚洲 5 000 多份，非洲 1 200 多份，欧洲 800 多份，大洋洲 600 多份。其中，从中国引进的 500 多份品种中，包括亚洲棉 30 多份、草棉 20 多份、海岛棉 30 多份和陆地棉 390 多份……

2.2　育种情况

乌兹别克斯坦有 10 多个棉花育种机构，不仅有专门从事棉花科研和育种的研究所，还有相关的科研院所和大专院校，并设有棉花育种的分支机构。20 世纪中叶，乌兹别克斯坦还开展过彩色棉育种工作……

育种方法主要是常规育种和杂交育种，尤其注重野生种、半野生种和陆地棉杂交，近年也开展了一些生物育种的方法。棉花育种目标是培育高产、优质、早熟、抗旱、耐盐碱、抗病虫害等的品种。在不同时期侧重点不同。截至目前主要经历了 6 次品种更新：(1)……

对于品种审定，苏联时就在乌兹别克斯坦成立了品种检测中心，后改名为乌兹别克斯坦品种测试委员会。全国有 34 个棉花试验点，与我国类似，育成的新品种，要进行 3 年的产量和品质评价。

3. 乌兹别克斯坦棉花种植技术

3.1　种植制度

乌兹别克斯坦由国家统一分配土地，集中分配给种植大户，无土地费，也有部分土地可以租种。棉花生产多数以私人农场为单位，按照国家计划种植，1 个农场通常只种植 1 个棉花品种。也有少数国有农场或园区，由公司和企业代为管理。为预防棉花黄萎病发生，通常采取棉花与小麦/玉米间作或隔年轮作，也可与苜蓿进行 3～5 年轮作。棉花栽培采用常规栽培和地膜覆盖栽培等方式。但其种植过程比较粗放，没有采取滴灌和单粒精播方式，且多数未进行覆膜。

3.2　种植模式

采取抢墒播种，为了适应当地的机械，多数采用苏联机械式4行播种机进行传统的条播，行距主要有4种，包括30 cm＋60 cm＋30 cm宽窄行及60 cm、76 cm和90 cm的等行距，生产中多采用60 cm等行距模式，所有州都有该行距种植模式，种植面积约47万hm^2，占46％。其次是30 cm＋60 cm＋30 cm宽窄行种植模式，所有州都有该行距种植模式，种植面积约28万hm^2，占28％。

3.3　灌溉

灌溉多采用土渠引水，条件好的地方有苏联时期建造留下的石灰渠，灌溉方式是细流沟灌，整个生育期灌溉4～5次，总灌水量400 m^3/667 m^2以上，每次灌水量基本一样，在100 m^3/667 m^2以上，每年6月下旬开始灌头水，8月中旬停水。水源来源主要是国内几条大河，例如锡尔河，国家统一投资建设水泵站，在作物生长季节抽水，收获以后停水，水泵站旁边建设简易房子，有专门看水泵人员，统一管理用水，因此，用水基本均有国家出资，个人几乎不产生费用。

3.4　施肥

基本不施基肥，主要采取压绿肥或焚烧秸秆还田的方式进行土壤培肥和土壤改良。也可与苜蓿进行3～5年轮作来改良和培肥土壤。生育期施肥采用传统的开沟施肥的方式。追肥主要施用硝酸铵，也可辅助施用氯化钾，共追施2～3次，其中，苗期追施1次，用量7～13 kg/667 m^2，花铃期追施2次，用量20～25 kg/667 m^2。

3.5　化调

目前，乌兹别克斯坦棉花使用缩节胺化调，但尚处于初级摸索阶段，缩节胺用量、时间和次数没有进行统一，缺乏规范。

3.6　打顶

乌兹别克斯坦棉花采用人工打顶方式，打顶时间为7月10—20日，费用折合人民币40元/d。

3.7　病虫草害防控

乌兹别克斯坦棉花主要病害有：黄萎病、枯萎病及根腐病。主要虫害有：棉蚜、棉蓟马、棉叶螨、棉铃虫及白粉虱等。病虫害防治主要采取IPM综合防治策略，基本不用农药，全国有10多个害虫预警监测站，800多个生物防治站，还研制了害虫天敌自动化繁育系统，集中生产生物害虫天敌并提供给农场主。

病害主要通过种植抗病品种进行预防，虫害90％以上采用生物防治，主要采取保护天敌和放赤眼蜂等方式。常用的防治方法：草蛉防治棉蓟马、棉蚜及棉红蜘蛛；赤眼蜂防治棉铃虫卵；印度紫螟小茧蜂控制棉铃虫幼虫；摆放黄板诱杀棉蚜，摆放糖浆瓶诱杀棉铃虫等。

3.8　采收

多数棉田收获前打除草剂，几乎不打脱叶剂。主要目的是提前收获，避免秋天初霜和雨季造成上部棉铃不能正常吐絮。采用人工采收，采收费0.8元/kg。

收获后直接用转运车（一般都是棉农自己的拖拉机和拖斗），就近拉到轧花厂或收购点，运费主要是车的油费。轧花厂通常按棉花衣分的不同定价，价格一般在3.0～3.5元/kg，棉花产量一般在150～170 kg/667 m^2，种植成本在180～200元/667 m^2计算，利润在300～350元/667 m^2。

4. 乌兹别克斯坦棉花加工现状

……

5. 乌兹别克斯坦棉花产业发展建议

5.1 引进培育高产优质棉花品种

从乌兹别克斯坦现在推广的棉花品种的产量和品质来看，都与我国新疆地区棉花品种差距较大，落后10年以上，因此，可以通过引进新疆现有的高产优质棉花品种，筛选出适合乌兹别克斯坦种植的早熟、丰产、优质、耐热性及抗病性强的棉花品种并进行推广应用，旨在提高乌兹别克斯坦棉花的产量和品质，而我国也可与之进行资源交换，达到双赢。

5.2 开展棉花高产高效栽培技术试验示范

乌兹别克斯坦棉花生产技术落后，缺乏高产高效的棉花栽培新技术。可以在乌兹别克斯坦试验示范高产高效的棉花栽培技术，包括高密度种植技术、播前土壤喷施除草剂技术、滴水出苗技术、铺膜播种技术、单粒精播技术、化学免打顶技术、滴灌水肥一体化技术、化学调控技术、绿色植保防控技术、无人机喷药技术、脱叶技术、机械采收技术、地膜回收技术及深松深耕技术等。尤其是滴灌技术的应用，可大大提高棉花产量和品质。

5.3 在乌兹别克斯坦与合作单位建立农作物科研创新中心

根据合作的需求，需要在乌兹别克斯坦合作单位建立农作物科研创新中心，以乌兹别克斯坦合作单位园区为基地和基础条件，乌兹别克斯坦国立农业大学为乌兹别克斯坦方的技术支撑及依托单位之一，中国新疆农垦科学院和中国农业科学院棉花所为中方合作科研机构和技术支撑，开展多方合作，核心任务是共同培育作物新品种，指导田间生产和技术示范推广。

5.4 积极申报国家级国际合作项目

以项目为契机，促进新疆生产建设兵团与乌兹别克斯坦合作，同时积极申报国家级的国际合作项目，进一步深化合作。通过建立大面积示范基地，寻求与政府部门和合作公司建立长期合作的关系。

综上所述，为了更好地执行农业“走出去”战略，加强与“一带一路”国家的农业合作，建立多层次的农业合作机制与平台，新疆农垦科学院将以棉花品种引进繁育、高产栽培技术及农业机械等方面的优势为引领和纽带，在乌兹别克斯坦实施好农业国际科技合作项目，将对改变乌兹别克斯坦棉花生产方式，提升乌兹别克斯坦棉花生产力水平及效益，推动乌兹别克斯坦棉花产业发展等方面具有重要作用。对加快新疆兵团农业“走出去”步伐，提升兵团在“一带一路”国家综合影响力方面的作用具有重要意义。对促进我国与乌兹别克斯坦国家的友好往来，维护我国稳定和谐的周边国际环境，保障国家安全等方面具有重要意义[3-5]。

参考文献

略。

任务实施

制订一个深入当地农资市场开展某种农资产品，如种子、农药、肥料、花卉或绿化苗木的市场调查方案，利用课余时间进行市场调查，然后撰写一份字数不少于3 000字的某农资产品市场调查报告。

任务评价标准

(1)题目、摘要、关键词、作者行文表述规范(20%);

(2)市场调查报告结构内容规范(30%);

(3)调查数据分析逻辑清晰,结论归纳准确(30%);

(4)报告篇幅合理,文字表述清楚,易于阅读(20%)。

知识训练

一、思考题

思考题参考答案

1. 农业科技调查报告和农业科技考察报告的主要区别是什么?

2. 农业科技调查报告的开头部分通常包括哪些内容?

3. 在撰写农业科技考察报告时,“主要体会和建议”部分的作用是什么?

二、填空题

填空题参考答案

1. 农业科技调查报告的结构一般包括开头、____________、分析与讨论、结语 4 个部分。

2. 农业科技考察报告的正文部分通常包括概述、____________、主要体会和建议。

3. 农业科技调查报告的开头部分通常会简要介绍调查的________、对象、地点、时间等内容。

4. 农业科技考察报告除了对情况进行勘察了解,更侧重于____________。

任务 3

工作总结报告写作训练

学习任务描述

在日常工作过程中,每一个岗位每年都需要在年初制订工作计划,在年底进行工作总结。工作总结又分为个人工作总结和单位部门工作总结。同学们在顶岗实习期间按照要求，需要根据实习内容，结合自身兴趣与喜好选择某一技术领域进行深入研究实践，通过总结分析撰写提交一份专题技术总结报告。在农业科技岗位上每年年终撰写个人工作总结报告以及部门工作总结报告是常态化的一项工作。在本任务中，以专业岗位实习总结报告或专项技术推广工作总结报告为写作任务，系统学习工作总结报告的写作要点、训练写作技巧。

相关知识

农业科技工作总结报告是人们对前一阶段工作、学习等方面的情况进行回顾、分析与评价，吸取经验教训，从中得到一些规律性的认识，以指导今后工作的一种事务文书。善于总结是提高工作素质的具体体现，擅长写总结报告是现代农业科技人员的一项基本功。

一、农业科技工作总结报告的作用和特点

农业科技工作总结报告作用主要有：一是及时总结成功经验或失败的教训，使成功经验得到及时推广，失败教训给人警示；二是有助于沟通信息，交流经验；三是总结记录宝贵的实践经验，对总结者来说是形成经验、梳理思路、提高职业素质和业务能力的重要途径。

农业科技工作总结报告有 3 个特点：一是经验性。总结是在自身实践之后进行的，之所以总结，其根本目的是要把实践中成功的经验和失败的教训归纳出来，得到科学的结论，指导以后的工作实践。提取经验、归纳教训是撰写工作总结报告的关键，也是本质特征。二是理论性。总结要在正确理论的指导下，对实践情况进行分析综合，把零散的、肤浅的感性认识上升为全面的理性认识，找出规律性的东西。总结不是单纯地“摆事实”“记流水账”，而是要注重说明，突出思辨，理论性非常强。三是独特性。每个农业科技工作者的知识结构不同，实践经历与体验各不相同，每一篇报告都是与众不同的，具有独特性。越是个性鲜明的报告，其社会参考价值越大。报告不能写成千篇一律的套话文章，不能写成空洞无物的、程式的官样文章。

总结与计划有着密切的联系。计划是总结的前提和依据，总结是计划的检验和结果。在人们的社会实践中，总结与计划二者的关系相辅相成，缺一不可。科技工作人员在工作之初制订计划，在工作结束之后写出工作总结报告，首尾呼应，形成一条完整的工作链。

二、农业科技工作总结报告的分类

农业科技工作总结报告根据内容分为综合性总结和专题性总结。

综合性总结又叫全面总结。这种总结内容详细，涉及面广，既可反映出成绩，又要找出差距；既要有经验、做法，又要有教训、体会；有时还要提出今后的工作意见或想法等。写综合性总结，不仅要全面，还要突出重点，防止面面俱到；不仅要总结出规律，还要写出新意。综合性总结往往是部门对本部门一年工作总结，用以向群众汇报、向上级汇报或与外单位交流经验，如《×××县农业技术推广服务中心 2024 年工作总结》。

专题性总结又称经验总结，是对某项农业科技工作或某方面技术应用进行的专项总结。这种总结突出一个“专”字，内容单一集中，针对性强。它偏重于技术应用、工作经验和成绩的总结，起到典型引路、以点带面的作用，但也经常从反面分析总结发生的问题、教训，剖析其主客观原因，以引起人们警惕。专题性总结具有一定的工作研究性质，对实践具有很强的指

导意义，如《×××省水产养殖节能减排集成技术推广报告》。

三、农业科技工作总结报告的基本结构

（一）标题

农业科技工作总结报告的标题可分为单行标题和双行标题2种。

单行标题可以分为3种，即全称式标题、简练式标题和文章式标题。其中，全称式标题由单位名称、时限、内容和文种构成，如《自治区土肥站2024年配方施肥工作总结》。简称式标题，可以根据具体情况而省略某项目，如《2024年配方施肥工作总结》（省略了单位）、《昌吉市冬小麦雪腐病防治技术研究总结》（省略了年限）。文章式标题，标题概括出总结的内容，揭示其主题，如《2024年加强国际农业科技合作工作的回顾》。

双行标题，即同时使用主标题和副标题。主标题揭示出总结的主要观点或基本经验，点明主旨，副标题做进一步的补充或注释，如《让吨粮田在南疆遍地开花—吨粮田“341”项目一九九四年度工作总结》。

（二）前言

前言也称导言，即基本情况概述。这一部分要简略地交代工作的时间、背景，工作任务与要求，完成任务的基本情况等。主要让读者对总结对象有一个概括性了解，又为下文的具体分析与总结提供基础。总结的前言并不是一副面孔，有多种写法，不同的写法将使前言的内容与作用发生变化。

1. 概述式

概述式是指概述基本情况，简要交代工作背景、时间、地点和条件等，这是前言的惯用写法。例如，某公司良种繁育技术员，2024年的工作总结前言叙述如下：2024年按照公司统一安排，我负责玛纳斯县乐土驿镇3 000亩玉米制种生产管理工作，一年来，我克服各种困难，圆满完成制种任务……

2. 对比式

对比式是指将前后情况进行对比，从而突出成绩，从成绩入手总结经验。例如，2024年按照公司统一安排，我负责玛纳斯县乐土驿镇玉米制种生产管理工作，和去年相比，负责的育种面积比去年增加了1 000亩，平均产量提高了12%，纯度提高了0.5个百分点。

3. 提问式

提问式是指开篇提出问题，点明总结的重点，以引起读者的注意。例如，2024年的工作要点提出今年是改革年、发展年，怎样改革？如何发展？如何处理好二者的关系？在今年的工作中我们进行了认真思考和实践。

（三）主体

这是工作总结报告的核心部分，主要包括过程与做法、成绩与经验、问题和教训等方面的内容。主题部分要对完成的工作加以分析，回答为什么要这样做和为什么能够这样做，哪些做法是成功的、行之有效的，有什么经验体系，揭示出取得成绩的主客观原因。无论是全面总结，还是专题总结，都要总结经验教训，总结出规律性的认识。工作总结报告主体的内容结构

常见的有以下几种。

1. **横式结构**

横式结构即按照内容逻辑性，分成横向平列的几个层次，从几个不同的侧面对工作情况予以分析总结。如有专家对南疆小麦套种玉米吨粮田技术总结，从套种方式；更新小麦、玉米品种；增加肥料投入；合理密植4个方面进行总结。这种结构形式，观点鲜明，材料和观点有机统一，结构层次有条不紊。

2. **纵式结构**

纵式结构即按工作的开展过程安排结构。如把整个工作过程分成几个阶段，再分别对每个阶段的情况进行分析，总结经验教训。如专题总结《×××玉米新品种推广工作总结》，按照工作过程，把总结分为“示范观摩”“市场策划”“售后服务”“防伪打假”“效益分析”等几个层次，逐一总结每一阶段的做法和体会。这种结构形式便于反映事物的内在发展规律，人们的思想认识也随之逐步加深。

3. **纵横式结构**

纵横式结构即纵横交错，事理结合，既体现事物的发展过程，又注意内容的逻辑关系，或以纵为主，纵中有横，或以横为主，横中有纵，这种结构方式适合于全面性总结。

（四）结尾

表述未尽事宜与今后设想。这部分主要写工作中存在哪些尚未解决的问题，结合过去工作中的经验教训，对今后的工作提出设想、确定目标和方向。结尾要自然、简洁，避免空话、大话和套话。

四、农业科技工作总结写作注意事项

1. **实事求是**

总结是对实际工作的集中与概括，务必求真。写总结报告要坚持一分为二的观点，不能只报喜不报忧，靠虚假的数字出成绩，也不能为了迎合某些上级部门的要求而扭曲事实，弄虚作假。总结报告的事实要真实典型，数据要准确可靠，背景材料要明白确凿。只有实事求是，总结报告才能发挥它的作用，产生真正的力量。

2. **抓住重点**

总结报告的内容要讲主次，分详略，最忌讳把总结写成“流水账”，不得要领，不知所指。一篇总结报告要告诉读者的主要经验是什么，主要体会是什么，主要问题是什么，一定要让读者明白。抓住了总结的要点，删去枝枝蔓蔓，内容集中，中心突出，总结的体会才能深刻，经验与教训才会清晰可辨。

3. **突出特色**

人们的科技实践活动是丰富多彩、各具特色的，在全面分析研究的基础上，要理清工作的步骤和环节，抓住问题的症结，通过反复比较，去发现工作中哪些做法切实可行，哪些富有创意，哪些措施具体到位而又别出心裁，哪些体会刻骨铭心，哪些经验最具有推广价值。把握了这些新颖而深刻的内容，总结报告就会写出特色，写出个性。

例文

×××县农业技术推广服务中心 2024 年工作总结

2024 年，×××县坚持以习近平新时代中国特色社会主义思想为指导，深入贯彻党的二十大和二十届二中、三中全会精神，锚定“农业再提升、农村再变样、农民再增收”的工作目标，深挖特色优势，着力锻长板、补短板、扬优势，农业后劲明显增强，农村环境明显改善，农民收入明显增加。现将×××县 2024 年农业技术推广服务中心工作总结如下。

一、主要指标完成情况

(一)粮油

2024 年全县粮食和油料生产目标为：粮食播种面积 38.21 万亩、大豆播种面积 1.41 万亩、大豆玉米带状复合种植 0.2 万亩，粮食产量达到 14.2 万 t 以上；油料播种面积 7.4 万亩以上。夏粮(小麦)收获面积 5.52 万亩，总产 1.177 7 万 t，较上年分别增长 0.09%、3.3%；秋粮预计收获面积 32.7 万亩(大豆 1.41 万亩、大豆玉米带状复合种植 0.202 5 万亩)、产量 13.04 万 t。全年粮食预计收获面积 38.22 万亩，总产 14.217 7 万 t，较上年分别增长 0.026%、0.98%。油料预计收获面积 7.414(上年 6.589 万亩)万亩，预计产量 0.946(上年 0.823 7 万 t)万 t，较上年分别增长 12.52%、14.84%；其中油菜收获面积 3.443 8 万亩(上年 2.909 万亩)，产量 0.357 8 万 t(上年 0.305 1 万 t)，较上年分别增长 18.38%、17.27%。全县秋种计划种植面积 8.97 万亩，其中：小麦 5.52 万亩，油菜 3.45 万亩。截至 11 月 1 日，完成油菜种植 3.46 万亩、小麦 2.4 万亩，预计 11 月 15 日前基本完成种植计划。

(二)畜牧

2024 年畜牧生产形势较好，畜禽养殖量稳步增长。全县生猪饲养量 40.615 万头，其中存栏 14.12 万头，同比增幅 1%，出栏 26.495 万头，同比增幅 0.93%；家禽饲养量 620.51 万羽，同比增幅 1.1%，牛饲养量 1.96 万头，同比下降 1.94%，羊饲养量 12.912 万只，同比增幅 1.03%。

(三)水产

预计 2024 年水产品总产量 14 680 t，同比增长 4.39%，渔业经济总产值达 51 387 万元，同比增长 23%，其中，一产产值 31 950 万元，同比增长 9.8%，二产产值 17 567 万元，同比增长 56.85%，三产产值 1 870 万元，同比增长 26.35%。

二、主要工作及成效

(一)稳步推进三大产业提升

1. 稳面积，扛稳粮食安全责任。突出重点，强化优质粮生产，全年优质专用粮食面积稳定在 28 万亩以上，全县水稻生产全面优质化，年度实施有机稻生产面积达 1 万亩以上，全县优质专用小麦生产占比达 100%；突出示范片建设……

2. 抓基础，畜禽养殖健康发展。做好品种保护：投入 100 万元，实施黑毛猪保种项目，建设保种场 1 家、保种点 18 家，保种优质黑毛猪种猪 101 头；积极申报×××黄牛种畜禽生产经营许可证。做好疫病防控：扎实开展春秋强制免疫，共免疫生猪 19 万头、牛 1.66 万头、羊 9.45 万只、家禽 189.35 万羽，推进规模养殖场“先打后补”全覆盖；开展动物疫病监测，采样送检样品 510 份，非洲猪瘟专项监测样品 120 份……

3. 重加工，渔业产业快速发展。新增稻渔综合种养 1 500 亩，累计达 10 500 亩，同比增长 16%。实施池塘标准化改造和养殖尾水治理项目，完成 107 亩池塘整形清淤加固改造，225 亩虾田沟渠开挖、田块整治……

（二）扎实开展农业试验、推广与应用

1. 大力实施“4321”农机补短板工程。加快补齐插秧机、播种机、复式开沟机、秸秆处理机“四机具”短板，新增插秧机 76 台，播种机 31 台，复式开沟机 64 台，秸秆处理机械 55 台，在×××镇建设全程机械化示范乡镇……

2. 开展农作物病虫害绿色防治。召开全县小麦赤霉病和水稻重大病虫害防控现场会，病虫害统防统治覆盖率达 56.1%。安排专项资金 4 000 万元用于实施“两个替代”提升行动，推广生物防治、物理防治等绿色防控技术，减少化学农药的使用量，提高农产品的质量安全水平。全县共推广有机肥 3.05 万吨、小微除草机 1 550 台、粘虫板 200 万片、诱捕器 2 万个、杀虫灯 200 盏、生物农药 90 483 瓶/袋。

3. 开展化肥减量增效。开展农户施肥情况调查：选择 130 户代表性农户开展施肥情况跟踪调查，利用“施肥监测通”小程序调查采集施肥数据，建立施肥台账，构建施肥数据库。开展测土配方：布设取土测土点位 200 个，覆盖全县主要土类和作物，邀请×××农业大学等相关专家精准制定肥料配方。开展田间试验：开展“3414”试验 1 个，肥料利用率试验 2 个，有机肥替代化肥试验 3 个，中微量元素单因子肥效试验 1 个，新肥料新技术试验 1 个。开展土壤墒情监测：新增 1 处土壤墒情监测点，各墒情监测点每月开展 4 次监测，编写土壤墒情监测报告，发布土壤墒情报告 30 期。开展“三新”技术推广：应用推广种肥同播 25 302 亩，水稻侧深施肥 37 021 亩，机械深施 27 821 亩，水肥一体化 10 805 亩次；推广施用新型肥料 471 t、41 213 亩次，有机肥料 30 000 t。

4. 强化农业面源污染综合防治。完成全县外来入侵植物普查工作，普查系统录入信息 1 700 余条，调查发现外来入侵植物 67 种，外来入侵病害 3 种、虫害 4 种、水生动物 4 种。完成省市下达的 6 种农作物种质资源地方老品种收集，加大野生种质资源（苦丁茶、中华猕猴桃）原生境保护力度，开展春秋季动态预警监测评估。推广使用大于 0.015 mm 以上农地膜、可降解农地膜，完成加厚地膜推广使用示范 10 000 亩。农地膜回收率达 97%以上，农药、肥料废弃包装物回收利用率达 85%以上。提升培育 2 家省级生态家庭农场。

5. 深入实施民生工程。完成 300 人高素质农民培育任务，完成率 100%、合格率 100%，共培训 5 个专业 6 个班 300 人，其中经营管理型 100 人，即水稻大户班 50 人、养猪班 50 人；专业生产型 100 人，即水稻班 50 人、蚕桑班 50 人；技能服务型 100 人，即农机手班 50 人、茶叶加工班 50 人。在 10 个乡镇 16 个村完成农民素质素养提升培训试点。

6. 扎实开展农作物品种抗性鉴定试验。×××农作物品种抗性鉴定试验站 2024 年为 25 家科研院所（企业）开展抗性鉴定试验，共完成水稻品种鉴定 15 315 份，高山米水稻品种展示试验示范 12 份，玉米品种试验 430 份，小麦品种抗寒性试验两批次 140 份。

7. 及时核发四项惠农补贴资金。农机购置补贴：发放农机购置补贴资金 451.818 万元，受益农户 1 093 户，补贴机具 1 315 台。农业支持保护补贴：补贴面积 426 657.69 亩，补贴标准 87.42 元/亩，补贴总资金为 37 298 415.25 元。实际种粮农民一次性补贴：补贴面积 273 280.18 亩，补贴标准 7.76 元/亩，补贴金额为 2 120 654.19 元。稻谷补贴：补贴面积

104 536.11 亩，稻谷补贴标准为 104.27 元/亩，补贴金额 1 089.998 0 万元。

三、存在问题及不足

（一）产业发展压力加大

种植成本高。山区田地坡度大，保水性差，容易发生自然灾害；山区田（地）块小，分布散，机械化作业难，大型农业机械基本无法耕作。劳动力短缺。外出务工多，农村青壮年从事农业生产劳动力短缺。非洲猪瘟等动物疫情复杂，养殖风险将长期存在。劳动力及生产资料成本增加，草地贪夜蛾、稻水象甲、野猪等农作物病害时常发生，粮食生产在稳面积、稳产量、增效益方面面临巨大压力。

（二）干部老龄化，专业人员短缺

本县农业体制改革与省市和其他县区不同，上下对应不畅，有的部门直接没有了，很多基础性业务都留在农技中心，工作疲于应付。另一方面，存在专业技术人员不专业现象……

四、下年度工作思路

（一）狠抓粮食生产

创新粮食生产模式，实行"三权"分离，土地向大户集中，走机械化、规模化的路子，把粮食生产纳入链式资金发展项目，夯实粮食发展基础。充分利用山区生态优势，大力发展高山有机稻、优质粮生产，打造金寨高端粮食品牌，提高种粮效益。重点实施再生稻、大豆玉米带状复合种植示范、粮食作物品种展示，在×××镇推进水稻育种基地建设。

（二）种养循环，发展金寨特色养殖

指导县内规模猪场，就近流转土地或承包撂荒地，种植饲草并就地消纳利用粪污，持续推广饲草种植和青贮饲料发酵技术，建立中小养殖场种养循环体系。结合庭院经济发展试点推广中华蜜蜂养殖，精选 10 个村，每村发展 100 箱，成立×××县蜜蜂养殖协会，新建蜜蜂产业园；完成 5 万只标准化规模白鹅养殖场建设，发展 1 000 只以上适度规模和农户分散白鹅养殖，完成白鹅跃迁式发展任务。

（三）做好农机研发推广工作

做好山区特色小微农机试验示范推广，加大推广适合山区小型拖拉机、微耕机、除草机等具有轻、小、灵活、功能多、能够适应山区作业等特点的机械，加强和科研院所合作，加大山区农机研发力度，切实解决我县农户的机械需求。加强"三中心"建设，解决农村劳力不足问题，逐步实现机械换人，为粮食生产奠定基础。

任务实施

结合岗位实习、岗位生产技术管理或专题研究课题，撰写一份字数不少于 3 000 字的生产技术工作总结报告。

任务评价标准

(1)标题反映主题，行文表述规范(20%)；

(2)工作总结报告结构规范、总结内容客观实际(30%)；

(3)工作成绩与不足归纳总结逻辑清晰，并提出下一步工作思路(30%)；

(4)报告篇幅合理，文字表述清楚，易于阅读(20%)。

知识训练

一、思考题

1. 农业科技工作总结的主要作用是什么？
2. 农业科技工作总结的"主体"部分通常包括哪些内容？
3. 在撰写农业科技工作总结时，为什么强调"实事求是"和"突出特色"？

思考题参考答案

二、填空题

1. 农业科技工作总结的标题可分为单行标题和________两种。

2. 总结主体常见的结构形式有横式结构、________和纵横式结构。

3. 农业科技工作总结的前言部分可以采取概述式、________和提问式等多种写法。

4. 在撰写总结时，要抓住重点，避免写成"________"，使内容集中、中心突出。

填空题参考答案

任务 4

工艺改进和产品（服务）设计报告写作训练

学习任务描述

农业科技工作者在技术集成、新技术推广、乡村产业振兴特色农产品营销、休闲农业和农耕研修项目开发等工作中，针对当前技术问题和产品（服务）开展大量实践创新活动，需要及时形成方案进行汇报，从而对方案实施成效进行总结归纳，在同行中推广交流。教育部职业本科专业教学标准中也进一步强调将工艺改进、产品（服务）设计、技术（服务）创新、技艺展示、专利研发等作为毕业设计（创作）的重要内容。在本任务中，重点学习工艺改进方案报告和产品（服务）设计报告写作要求，结合岗位实习期间技术专题研究项目开展相关写作训练，提升相关写作技能。

相关知识

工艺改进报告和产品(服务)设计报告,都是一种针对现有生产、操作流程,或者(服务)产品中存在的问题进行分析,并提出优化方案的书面材料。工艺改进报告中除了问题分析和提出改进方案外,还包括方案实施、改进效果和效益分析、总结与展望等内容。

一、工艺改进和产品(服务)设计报告的特点

工艺改进报告按农业科技文章分类可纳入农业科技工作总结类文体,而产品(服务)设计报告可纳入科技应用文方案类文体。工艺改进报告需要先有改进方案或设计方案,然后总结实施,总结的效果和效益具有关联性。

工艺改进和产品(服务)设计报告写作专业技术性比较强,是行业企业一线技术集成、工艺改进和新(服务)产品策划设计经常用到的文体,主要有以下特点:一是专业实践性强。工艺改进和产品(服务)设计报告一般都是针对生产一线产品技术问题,进行改革创新和实践验证,需要作者对一线产品技术问题有深厚的专业知识和实践经验,能够在实践中分析出问题,提出解决方案,并实施验证效果,并加以归纳总结。二是学术性强。这类报告一般都采用学术用语,大量使用数据分析图表,展示技术路线、技术参数和效果、效益的变化。文体以叙述为主,但分析思辨的逻辑性、理论性都非常强。三是创新性强。报告针对行业企业特定产品技术实践创新领域,在技术路线、技术集成、工艺改进、产品策略等领域开展创新实践活动,在知识产权保护的前提下,促进新技术推广交流。

二、工艺改进和产品(服务)设计报告的基本结构

(一)工艺改进报告的基本结构

1. 标题

简洁明了,明确工艺改进涉及的领域和环节,突出主题。如《新疆冬小麦节水滴灌工艺改进报告》《×××智能温室控制系统优化报告》。

2. 摘要

用简短的段落(200～300 字)概括报告的核心内容,包括背景、问题、改进方案和改进效果。

3. 目录

报告篇幅较大,可列出报告的章节和页码,方便查阅。

4. 正文

(1)背景与意义。说明现有工艺的基本情况、存在的问题及其对生产效率、成本或质量的影响。强调改进的必要性和意义。如现在冬小麦滴灌工艺仍然存在水资源浪费问题、改进工艺有利于节水增效等。

(2)现状分析。描述现有工艺的具体流程、技术参数,通过数据、图表等方式展示问题的具体表现,分析其优缺点和工艺改进的必要性。从技术、经济、资源等方面分析改进的可行性,评估实施成本、风险和预期收益。

(3)改进方案。提出具体的改进技术路线,详细说明其技术原理、改进方案和预期效果。改进方案应包括引进或研发技术细节、设备技术集成、实施步骤和时间安排等。如引入感应电池阀滴灌技术,结合土壤湿度传感器,实现精准灌溉。

(4)实施成效。分改进方案实际实施验证情况,取得的预期成效总结分析,推广前景和经济、生态、社会效益分析,新的问题(需求)与进一步改进思路、建议等部分阐述。

(5)总结与展望。总结改进方案取得的成果,提出进一步研究或推广的建议。

5. 附录

附录包括调研数据、技术图表、参考文献等。

(二)产品(服务)设计报告的基本结构

产品(服务)设计报告的基本结构与工艺改进报告类似,正文部分有区别,基本结构如下:

(1)背景与意义。目前产品市场需求、行业现状或现有产品(服务)存在的问题,强调产品设计方案的必要性和潜在价值。

(2)市场调研与分析。通过市场调研、用户调查或数据分析,了解目标用户的需求、偏好和痛点。使用数据、图表或案例说明市场现状。

(3)设计方案。详细描述产品(服务)的设计理念、功能特点和技术实现,包括技术参数、功能设计、外观设计,以及市场推广实施方案等。从技术、经济、资源等方面分析设计方案的可行性,评估开发成本、市场风险及预期产品项目收益。

(4)创新点。强调设计中的创新之处,与现有产品或服务相比的优势、卖点。

(5)总结与建议。总结产品(服务)设计的主要优势和预期效果,提出进一步优化或推广的建议。

三、工艺改进和产品(服务)设计报告写作注意事项

1. 用户需求导向,坚持数据支撑

始终要以生产工艺存在的问题、用户产品(服务)需求为核心,报告开头需明确指出现有需要改进的工艺问题,突出设计方案如何满足用户痛点,避免泛泛而谈。通过大量的调研数据、实验数据,或市场调研、用户反馈等数据来支撑分析结论、方案设计、改进成效和产品开发的预期效益,增强报告的说服力。

2. 方案具体翔实,创新与实用相结合

提出的工艺改进方案、产品设计方案要详细、具体,具有可操作性,避免空洞地描述。在结合农业生产的实际需求提出创新方案的同时,充分考虑技术、资源、成本等实际条件的可行性,并分析实施过程中可能遇到的风险,并提出应对措施。

3. 图表结合,语言简洁,逻辑严谨

合理使用流程图、示意图、数据表格、分析统计图表等辅助说明,使报告更加直观。多使用专业术语进行阐述,使用个别低频次专业术语时需进行解释,避免使用冗长复杂的句子。确保各部分内容紧密衔接,论证过程清晰、结构比例合理。

例文

文中的图表略。

拖拉机用主离合器分离叉工艺改进分析

×××、×××、×××
（×××单位　河南洛阳 471003）

摘要：针对拖拉机使用的主离合器分离叉装配后卡簧不牢靠，易脱落，造成离合器作用失效，导致发动机动力接合和分离不能自由切换等问题，对分离叉进行工艺系统分析，确定产生问题的原因，制定有效的改进措施，经装配验证，最终解决质量问题。

关键词：主离合器分离叉；离合器；工艺系统；改进措施

目前大功率拖拉机传动系广泛使用的是双作用离合器，操纵方式主要靠驾驶员操纵驾驶室内主离合器踏板或副离合器手柄实现主、副离合功能，要求离合器的分离力比较大，这就要求主离合器分离叉具有很好的强度和刚度。如果离合器分离叉制造不合格或者损坏，将直接导致离合器无法分离，后果非常严重。因此，选择合格的主离合器分离拨叉对于确保拖拉机的变速箱变矩传动系统的效率、离合器的可靠性以及拖拉机的安全行驶至关重要。

1. 拖拉机离合器操纵机构结构

离合器操纵机构可分为机械式、液压式、自动式。机械式操纵机构主要有两种类型：杆系传动式和绳索式。以杆系操纵结构为例，其主要由离合器踏板、踏板摇臂、上拉杆、支座、扇形板、下拉杆、主离合器分离叉、分离叉轴、回位弹簧等组成（图1）……

2. 主离合器分离叉存在很大的质量问题

主离合器分离叉作为拖拉机与离合器连接的主要传动部件，零件质量的符合性和可靠性尤为重要。根据拆车零件，发现两爪平行度超差（工艺要求≤0.055 mm）、两爪锪120°窝尺寸圆弧面不光滑（接刀痕迹）、椭圆、不完整（缺肉）、起皮（图2）等，与此装配的分离叉卡簧在主离合器分叉两爪窝里面不能牢靠锁定，易脱落，造成离合器动力切换失效。按此质量要求，经排查，车间已加工出的零件近一半需要报废，造成极大的经济损失，质量改进迫在眉睫……

3. 工艺现状分析

3.1　主要工艺流程介绍

由于主离合器分离叉零件外形不规则，定位面或定位点与加工位置重合，加工位置多且不共面，上加工中心集中工序加工的工艺方案被排除。因此，此零件加工工序设定成流水线式工艺布局，以普机设备加工为主，此工艺方案单班作业效率高，人员岗位技能要求低，便于组织生产。

……

3.2　工艺系统存在的问题分析

3.2.1　毛坯加工工艺性差。5序、10序钻孔（ϕ16 mm）、扩底孔时，长度有60 mm，倍径比3～5倍，属于深孔加工，出现断屑难，钻头挤死、烧钻头现象，造成铰孔底孔质量差，出现黑皮等情况，粗糙度超差。同时，影响后续精加工工序定位，造成后序定位的工艺基准和测量基准可靠性差。

3.2.2 工序顺序设计不合理。

……

3.2.9 装配工艺性差。因 ϕ24 mm 孔光洁度差，部分是椭圆孔，且是长孔，离合器叉轴装配和拆装困难；M16 螺纹凸台面毛坯公差大，M16 螺纹孔钻后，会残留部分拔模斜度余量，造成装配时分离叉螺栓压不平或易松动脱落。

3.2.10 零件转运时无专用的防护工位器具。零件工序转运和成品外发采用堆放方式，由于此零件为异型件，两爪工作面精度要求高，在受到重力挤压时，造成二次变形且加工面易产生磕碰伤。

4. 工艺改进措施

4.1 生产纲领方面。车间承接大、中小型拖拉机主离合器分离叉有 8 个品种，年装车需求量由原来的 2 万件提升到在 15 万件以上(2 件/单台)(2022 年、2023 年统计数据)，高产月最大月度需求在 1.5 万件以上，产量要求 450 件/天(三班制)，因此工艺布局必须按流水线式排布进行改进。同时，将有瓶颈工序(摇臂钻工序)分解，工步加工改为工序加工，提升单班生产效率。

4.2 毛坯方面。①改善毛坯组织，提升加工工艺性。主离合器分离叉材料为 35 号钢……后通过工材所提供技术支持，对该零件经过多轮工艺试验和验证，金相组织可达到 4～5 级的层深(回火索氏体)，作为毛坯验收的标准。实物随机抽查记录如表 2 所示。

……

4.3 产品设计方面。(略)

4.4 工艺改进方面。(略)

……

4.8 防护方面改进。零件在外发前做符合性检测，平行度有超差的进行二次校正，保证外发到下游单位零件达到 100%合格。将主离合器分离叉挂置在专用的工位器具，做好零件过程和成品防护，减少零件二次变形。

因此，通过利用 5M1E 六要素法则，从“人、机、料、法、环、测”等环节进行综合分析，确定主离合器分离叉新的工艺流程(表 3)。

……

从改进后的新工艺数据分析如表 4 所示，由于主离合器零件属于异型件，在全部工序加工完成后，送磷化处理时，零件在加热除锈和磷化过程，部分零件位置公差(垂直度和平行度)出现二次变形，所以零件在外发前增加检测和校正工序。经过近 8 个月的工艺改进和验证，最终确定新的工艺流程，零件一次交检合格率由 63.8%提升到 99.6%以上(指标要求≥96%)。

……

5. 总结

对主离合器分离叉工艺过程进行分析和改进，在未增加投资的情况下，利用车间现有的设备和人员，通过工艺系统分析，经过多轮的试验和验证，打破传统工艺思路，按照基准统一原则，提高加工工艺基准质量，改变工艺加工方法，彻底解决了此零件长期困扰车间质量难点……

经济效益和社会效益计算，利用改进后的工艺方案，对现场已加工的零件进行返工返修，有88%以上零件合格，挽回了部分经济损失。后续按此工艺加工的零件，废品损失控制到0.5%以下，有效提升了车间经济效益。合格的零件，保证了装配后整机质量的稳定性和可靠性，提升了品牌的竞争力，为国家农业发展提供了可靠的生产资料，增加了农民收入。

任务实施

结合你的岗位实习，以及企业师傅给你确定的技术专题研究项目，在研究制定技改或工艺改进方案并实施验证的基础上，撰写一份字数不少于8 000字的工艺改进方案报告或产品（服务）设计报告。

任务评价标准

（1）题目、摘要、关键词、作者行文表述规范（10%）；

（2）报告结构内容规范，技术问题、客户需求调查深入，实施方案具体翔实，创新与实用结合（40%）；

（3）有大量的调研数据、实验数据，或市场调研、用户反馈等数据等支撑分析结论、方案设计、改进成效，报告中体现成本效益分析实用性强（30%）；

（4）报告篇幅达到要求，专业性强，在行业领域有推广借鉴价值（20%）。

知识训练

一、思考题

1. 工艺改进报告和产品（服务）设计报告的核心区别是什么？
2. 在撰写工艺改进报告的“改进方案”部分时，需要注意哪些关键点？
3. 产品（服务）设计报告中“市场调研与分析”部分的作用是什么？

思考题参考答案

二、填空题

1. 工艺改进报告的正文部分通常包括背景与意义、____________、改进方案、方案实施情况、总结与展望。

2. 产品（服务）设计报告的“设计方案”部分需要详细描述产品（服务）的____________、功能特点和技术实现。

3. 在撰写工艺改进和产品（服务）设计报告时，应多使用__________进行阐述，确保语言的简洁和逻辑的严谨。

4. 产品（服务）设计报告的“____________”部分需强调与现有产品或服务相比的优势和卖点。

填空题参考答案

项目 5

农业科技论文写作训练

项目导学

农业科技论文写作是农业科技工作者开展科学技术研究、技术创新等活动，归纳总结农业科学技术研究成果、理论创新成果、生产经验，并以论文的形式发表进行交流推广的一项基本能力。也是农业高职、职业本科学生毕业设计中要完成的一项专业知识综合实践应用与归纳总结的教学活动。所以，学会撰写农业科技论文无论对专业学生毕业后从事农业科研与生产工作，还是论文发表、职称晋升，以及完成毕业设计都有重要的意义，是专业学生事业发展的一项重要技能。

在本教学项目中，重点学习科技论文写作过程规范、方法要点，AI 辅助写作技巧，系统训练科技论文的写作能力。

学习目标

知识目标

1. 准确描述农业科技论文写作前期准备工作的内涵要求；
2. 运用 GB/T 7713.2—2022 编写格式规定准确分析科技论文的结构框架；
3. 准确描述科技论文的编写格式与规范要求；
4. 正确拟定 AI 写作工具辅助论文写作的指令。

技能目标

1. 能为自选主题的科技论文撰写文献综述报告；
2. 能运用科技论文的编写格式规范与内涵要求撰写自选主题的科技论文；
3. 能借助 AI 写作工具辅助完成农业科技论文的写作。

素质目标

1. 强化农业科技工作坚持客观真实、实践检验、科学严谨的作风建设；
2. 强化问题导向、需求导向，调查研究、分析归纳总结能力，立足实际创新改革能力；
3. 强化 AI 写作是工具，不能替代人类对知识创新的认识，强化思辨选择能力，遵守人工智能伦理规范，自觉抵制人工智能学术抄袭、造假。

知识图谱

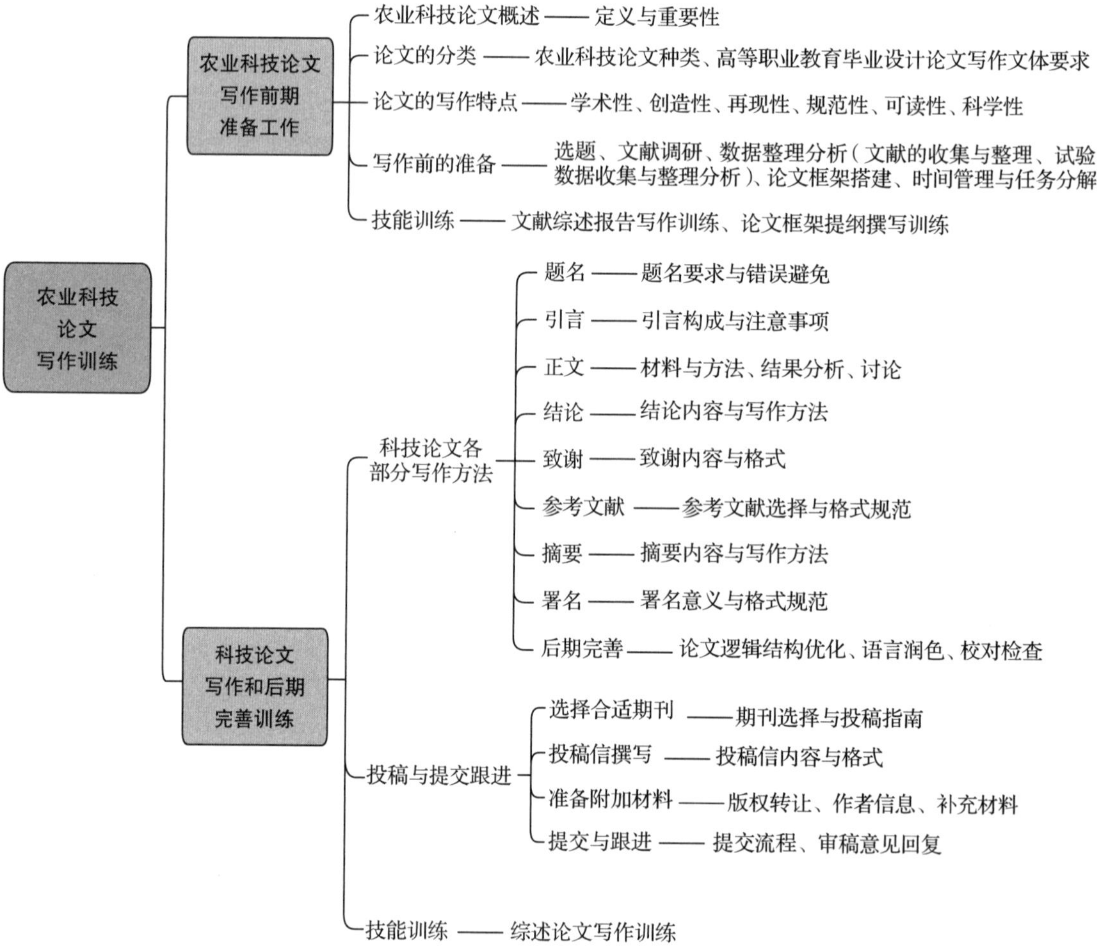
农业科技论文写作训练
农业科技论文写作前期准备工作
农业科技论文概述——定义与重要性
论文的分类——农业科技论文种类、高等职业教育毕业设计论文写作文体要求
论文的写作特点——学术性、创造性、再现性、规范性、可读性、科学性
写作前的准备——选题、文献调研、数据整理分析（文献的收集与整理、试验数据收集与整理分析）、论文框架搭建、时间管理与任务分解
技能训练——文献综述报告写作训练、论文框架提纲撰写训练
科技论文写作和后期完善训练
科技论文各部分写作方法
题名——题名要求与错误避免
引言——引言构成与注意事项
正文——材料与方法、结果分析、讨论
结论——结论内容与写作方法
致谢——致谢内容与格式
参考文献——参考文献选择与格式规范
摘要——摘要内容与写作方法
署名——署名意义与格式规范
后期完善——论文逻辑结构优化、语言润色、校对检查
投稿与提交跟进
选择合适期刊——期刊选择与投稿指南
投稿信撰写——投稿信内容与格式
准备附加材料——版权转让、作者信息、补充材料
提交与跟进——提交流程、审稿意见回复
技能训练——综述论文写作训练

任务 1

农业科技论文写作前期准备工作

学习任务描述

科技论文写作是一个庞大的、科学严谨的系统的知识创新过程，前期需要开展诸如选题、文献研究、实验（试验）研究方案设计、数据整理分析、论点和论断归纳总结、论文框架搭建和写作过程计划管理等大量工作。在本任务中，以某一当前主推的农业产业技术体系要素研究为载体，如小麦密植技术提高单产和品质关键技术集成的研究，系统学习农业科技论文写作前的准备阶段的各项任务的工作方法、要点和写作技巧，实战训练写作能力。

相关知识

农业科技论文是对农业科研结果进行理论分析和归纳总结的所有论说文的总称。凡是运用概念、判断、推理、证明、反驳等逻辑思维手段来分析、表述农业科学领域中的理论和技术创新研究成果的文章，都属于农业科技论文。撰写农业科技论文是农业科学研究工作的重要内容，是农业科技工作者必须具备的基本功。论文的写作水平，在一定程度上反映了农业科技工作者的学术水平和专业能力。由于农业科学技术的飞速发展和农业科技文献数量的迅猛增长，人们对农业科技论文的文稿质量提出了越来越高的要求。因此需要深入了解农业科技论文的种类、特点、选题和写作方法的基本知识，以及利用 AI 工具辅助农业科技论文写作的方法，提高写作效率。

一、农业科技论文的分类

农业行业的科技论文一般统称为农业科技论文。在农业科技工作过程中，所称的农业科技论文一般是指广义的科技论文概念，涵盖学术论文（研究论文、综述论文、方法论论文等）、学位论文（硕士、博士学位论文）、科技报告[工艺改进报告、试验报告、产品（服务）设计、技术推广报告、项目报告等]、科技快报、专利说明书（发明专利、实用新型专利）、技术与工程文档（指导技术实施或工程设计的文件）、科普文章等。

狭义的科技论文是指学术论文。学术论文是农业科技工作者结合自己专业研究工作所写的论文，是论述创新性农业研究工作成果的书面文章，是对某些实验性、理论性或观测性的新农业知识的科学记录，是对已知原理应用于农业领域取得新进展的科学总结。由于农业科技论文大部分发表在学术期刊上，故又称为期刊论文。其中，以立为主，重在公布自己研究成果的叫作立论文；以破为主，通过对某些错误学术理论或观点的批判，从而确立自己观点的叫作驳论文。我国学术论文的格式规范主要依据 GB/T 7713.1—2006《学位论文编写规则》（正在修订）、GB/T 7713.2—2022《学术论文编写规则》、GB/T 7713.3—2014《科技报告编写规则》、GB/T 7714—2015《信息与文献　参考文献著录规则》等国家标准，对论文的内容、格式和学术规范进行明确规定。

GB/T 7713.1—2006　**GB/T 7713.2—2022**　**GB/T 7713.3—2014**　**GB/T 7714—2015**

在我国高等教育人才培养体系中，毕业设计和毕业论文是本科、硕士和博士阶段的重要考核环节，旨在培养学生的科研能力、创新意识和综合实践能力。在本科阶段主要培养学生的基本科研能力和实践能力，对选题要求相对简单，研究深度和广度较弱，注重基础性和规范性，以及知识理论和实践应用能力的培养；在硕士阶段需要培养学生的独立科研能力，要求一定的创新性，选题应具有一定的理论或实践创新，研究方法严谨，成果具有一定学术价值；在博士阶段重点培养学生的学术创新能力，要求较高的原创性，选题应具有重大理论或实践意义，研究成果应达到国际或国内领先水平，论文篇幅通常较长。

在教育部颁布的高等职业教育本科专业教学标准中要求，学校可将工艺改进、产品（服务）设计、技术（服务）创新、技艺展示、专利研发等作为毕业设计（创作）的重要内容，一般不要求学生撰写学位论文。符合学位授予条件的按规定授予学位。可见职业教育本科毕业设计的成果考核是广义的科技论文范畴，鼓励毕业生专业学习与生产一线生产实践和技术创新活动相结合。

修订征求意见稿——《学位论文编写规则》

二、农业科技论文的写作特点

（一）学术性

学术性是农业科技论文的核心特征之一。农业科技论文不仅需要客观描述实验材料、研究方法和研究过程，更重要的是对实验结果进行深入分析、归纳和抽象，揭示客观事物发展变化的内在规律。论文虽然基于事实性论据，但并不拘泥于细节描述，而是通过提炼和抽象，将事实上升为理论。此外，农业科技论文的学术性还体现在其阅读对象多为本专业科技工作者，因此可以直接使用专业术语、公式、符号、外文等，而无须额外解释。这一特点要求作者具备扎实的专业知识，并能准确运用相关学术语言。

（二）创造性

创造性是衡量农业科技论文价值的根本标准。论文的创新性决定了其学术价值的高低。创造性主要体现在以下几个方面：一是采用新的研究手段或技术路线，有新方法；二是获得前人未曾发现的研究结果，有新成果；三是在前人研究基础上提出独到的理论或观点，有新见解。即使是我国在农业科学领域的某些方面仍处于国际追赶阶段，研究工作可能涉及对国外先进成果的重复、模仿和消化，但只要在模仿中有所创新，展现出独特的贡献，仍可撰写具有价值的论文。

（三）再现性

农业科技论文所表述的研究结果必须具备再现性，即其他研究者按照论文中提供的实验材料、仪器、方法等条件进行实验时，应能够重现相同的结果。这就要求论文在描述研究过程时必须做到具体、客观、准确和清晰，避免遗漏关键细节或使用模糊表述。

（四）规范性

规范性是农业科技论文写作的基本要求，主要包括以下内容：

(1)格式要求。需符合投稿期刊的具体规定，如摘要、关键词、署名格式，以及字体、字号等要求。

(2)篇幅要求。不同等级的期刊对论文字数有不同要求。例如，三级期刊通常要求3 000～4 000字，二级期刊要求6 000～8 000字，一级期刊则可能要求8 000字以上。各学校毕业设计相关办理办法中对毕业论文也有相应的字数规定。

（五）可读性

农业科技论文应具备良好的可读性，具体要求包括：

(1)概念准确。避免使用模糊或歧义的表述。

(2)文字严谨。逻辑清晰，避免冗长复杂的句式。

(3)语句简练。突出重点，避免不必要的修饰。

尽管农业科技论文的专业性和学术性较强，但作者应避免使其晦涩难懂或篇幅冗长。正如《文心雕龙》所言："文以辨洁为能，不以繁缛为巧。"论文应以简洁明了为佳，便于读者理解和获取信息。

（六）科学性

科学性是农业科技论文区别于其他文体的本质特征，具体包括以下3个方面：

(1)内容科学。论文所阐述的研究内容必须基于科学理论和客观事实。

(2)方法科学。研究设计、实验方法和数据分析必须符合科学规范。

(3)结构科学。论文的整体结构应逻辑清晰，层次分明，符合学术写作的通用范式。

科学性是农业科技论文的立论基础，贯穿于研究、写作和发表的每个环节。在后续内容中，我们将进一步探讨论文结构的科学设计。

三、农业科技论文写作前的准备

农业科技论文的写作，是一项庞大的工程，整个过程不只是撰写草稿、进行修改的单纯文字工作。学术论文描述的是科研成果，其写作前提是必须有成果，即选择一定的研究方向和具体内容，通过创造性的思维活动，提出新的理论、新的见解，然后才能进一步构思，将研究成果用恰当的语言、严谨的结构表达出来。因此，在动笔写论文前，必须做大量的工作，进行通盘考虑、详细规划。只有做了充分的准备，才可能完成这种综合性的脑力劳动。

为了确保农业科技论文写作这项复杂工作有条不紊地展开、高效率地完成，在进行统筹规划、总体部署时，在借助 AI 写作工具的基础上，一定要安排好写作前的各项工作。按工作程序一般来分：选题阶段、文献调研阶段、数据整理分析阶段、论文框架搭建阶段、时间管理与任务分解等。应注意的是，总体部署时要充分考虑计划的可行性、合理性，要做好时间管理与任务分解，这样可以起到督促与约束作用。

（一）选题阶段

农业科技论文的写作要具有明确的目的性，选择什么样的研究主题是论文成功的关键。优秀的选题是高质量论文的前提，因此在选题阶段需遵循以下原则。

1. 选择具有科学价值的选题

农业科技论文的根本目的在于研究和解决农业科技领域的实际问题，推动理论创新和科研进步。因此，选题应聚焦具有普遍性的问题，包括学科理论建设中的关键问题或相关领域中有争议的议题。提出的论断或对策应符合客观规律，具备可行性和超前性。高质量的农业科技论文必须兼具较高的理论价值和实践价值。

具体来说，选题可以从以下几个方面入手：

(1)实践中亟待解决的问题。总结实践经验，探索解决方案，为现实工作或生产实践提供指导。

(2)潜在的重要问题。发现尚未引起普遍关注但具有代表性、倾向性的问题，预测其发展趋势并提出应对措施。

(3)一般性和局部性问题。即使问题范围较小，只要有现实意义和学术价值，也值得深入研究。

农业科学技术的发展离不开新发现和新创造。科研人员通过创造性思维，提出新观点和新见解，揭示规律，从而推动科技进步。因此，选题应紧密联系社会实践，将实践中的普遍现象上升到理论高度，进而指导实践。

2. 要选择适合自身条件的选题

农业科技论文的选题不仅要考虑客观需要和科学价值，还需结合研究者的主观条件，确保选题与自身能力相匹配，才能达到写作目的。要综合考虑自身的兴趣、学术专长、专业水平、客观环境所能提供的资料条件、指导老师及论文发表时所限定的篇幅等因素，选择适当的选题。

(1)浓厚的兴趣。兴趣是人们力求认识客观事物的特殊心理倾向，它来自明确的学习目的、严谨的治学态度、勤奋好学的精神、良好的专业素质、科学的思维方法、亲身参与的理论活动和社会实践等。在具备了一定专业理论和知识的基础上，对某些理论和实践问题有所思考，会产生进一步探求的动机和理清思路、表达自己看法的欲望。确定的兴趣，可以促使作者在科研中积极努力，不懈追求，大胆探索，勇于开拓。这种始终如一、不断进取的精神，会使研究者更为积极主动、更富于热情，同时也会激发出更大的创造力，促进科研的成功。而且，兴趣越浓厚，求知欲越强，获得的知识也就越多，受到的启迪也就越大，越容易形成自己的观点。

(2)发挥业务专长。每个研究者对本专业各种问题的兴趣不同，投入的研究时间、获取的知识也就不同，业务基础与业务专长也就不一样。因此，必须根据自己的实际能力与水平，发挥优势，扬长避短，使自己的理论素养、实践经验、知识积累等得到充分体现，个人的水平得到最好发挥。

(3)选题大小要适中。科技论文的分量与题目的大小不一定成正比，因此要充分估计自我能力，量力而行。题目过大，既费时费力，又会流于空泛，缺少深刻的内涵。所以，选题要大小适当，尽量具体，不可贪大求全。有时小题可以做大文章，利于深入展开，透彻论述，而且由易而难地逐步深入，才不至于半途而废。但也要注意不能把范围限制得太小、太具体，以致失去典型意义或使理论水平发挥不出来。总之，选题要在力所能及的范围内，给自己提出严格要求，这样经过努力才可以达到目的。

(4)具备资料条件。材料是形成观点的基础，也是进行科研时必不可少的条件。材料掌握得越多，分析研究越充分，越容易出成果。因此必须有较多的途径收集材料，了解学术动态、最新的研究成果及有关的方针政策。同时还要善于收集资料，懂得如何查阅资料，掌握有关情况。对某些研究必备的其他物质条件，如调查工作及调查经费等，也应考虑周全，做充分的准备。

(5)能够得到专家指导。专家对某一学科、某一专业了解较多，有广博的知识、深刻的见解、丰富的经验，可以指导后来者如何把理论知识用于实践，去解决实际问题；可以指导后来者了解专业研究方向及其历史与现状，去选择有科学价值、现实意义的论题；还可以为后来者答疑解惑，创造条件使其少走弯路，提高研究效率。因此要尽可能争取得到专家的指导。

(6)时间因素。选题还需考虑研究的时间限制，确保在预定时间内完成论文撰写和修改工作。

(7)使用AI写作工具推荐选题。选择一个热门且有价值的论题，关键是要找到研究领域中的空白点或者热点问题。这就需要我们对已有的研究领域有深入的了解，AI写作工具可以帮助我们迅速定位研究领域潜在的有价值的论题。如在实现国家粮食安全“藏粮于地、藏粮于技”的战略部署中，2025年中央一号文件提出持续增强农产品供给保障能力：深入推进粮油作物大面积单产提升行动，稳定粮食播种面积，主攻单产和品质提升，强化耕地保护，推进农业科技力量协同攻关。而小麦密植技术集成提升小麦单产和品质是你主要研究的领域，那么你可以在DeepSeek中发出以下指令：①我正在研究小麦密植技术提高单产和品质影响因素的研究，请帮我总结近5年来这个领域的主要研究方向和热点问题？②请列出3～5个潜在的研究方向，并简要分析每个方向的创新性和可行性。③附上相关的代表性文献。根据DeepSeek提供的分析总结资料，结合以上选题的基本原则，可以帮助你迅速定位选题的范围。

选定选题范围后，通过指令提示词设计聚焦扫描研究领域研究的热点、空白，以及比较分析多个选题而逐步精准选题。如发出以下指令：列举小麦密植技术提高单产和品质研究领域近三年未被充分研究的5个潜在方向，要求结合技术趋势与生产实际需求。来分析研究价值来逐步精准选题。或发出“对比分析［选题A］、［选题B］与［选题C］的理论贡献度与应用落地难度”指令来比较不同选题的贡献度。

（二）文献调研阶段

材料是写作的物质基础，写好一篇有价值的科技论文，必须有大量的材料作前提。选好主题后，要做的一项烦琐工作，就是收集、查找和研究相关文献材料。论文写作材料有直接材料和间接材料。直接材料来源于科学观察、实地考察和科学试验之中；间接材料主要利用各种工具书、目录、索引、网站等，通过广泛的阅读，有选择地进行记录和下载，得到所需要的翔实可靠的资料。

没有材料，就无法分析问题，收集研究材料是具体研究过程的起点。如果不了解技术和学科领域动向，没有一定积累，就不能准确地确定论文的主题。有时随着材料的收集分析，会产生新的看法，有可能需要再次修订选题。

我们可以在AI写作工具中使用诸如查找、推荐、最新某领域高引用论文、最新科技论文等指令快速获得文献材料，也可以通过总结某领域的研究进展、分析某领域的研究空白、生成某领域文献综述的框架和要点等指令快速获得与写作主题相关文献材料和文献加工材料。

通过文献调研进一步完善确定研究选题后，可以利用DeepSeek进一步评估这个研究方向的可行性。如可以提出以下指令：①我打算研究精准播种提高小麦密植群体结构提高单产和品质，帮我分析这个主题的可行性？②请从研究方法、数据获取、所需资源等方面进行评估，并提出可能遇到的挑战和解决建议。这样就可以得到一个相对全面的可行性分析，帮助你更好地权衡选题的利弊。

（三）数据整理分析阶段

对收集来的大量材料，必须进行整理研究，使自己的初步认识进一步清晰化、条理化、系统化，才能得出研究成果。它包含着认识的渐进与飞跃，需要高度的精神集中，锲而不舍地思考，由表及里地深入探求，才能抓住本质。

1. 文献的收集与整理

目前使用AI写作工具能够非常便利地实现文献的收集与整理。一般分以下几个步骤：

(1)文献收集。确定了研究主题后，可以利用以下指令：①请帮我列出与“小麦密植提高单产和品质技术”相关的关键词，包括中文和英文。②根据研究主题“精准播种对小麦密植群体结构的影响”，生成文献检索的关键词组合。先分析确定研究主题的关键词。然后根据关键词开展文献检索，如：①在CNKI中，以“小麦密植”“精准播种”“单产”“品质”为关键词，检索近五年的文献，并列出文献列表。②根据摘要内容，筛选出与“小麦密植群体结构优化”直接相关的文献。

(2)文献内容提取与分析。从收集到的文献中提取关键信息，可以使用以下指令：①从以下文献中提取有关“密植对小麦产量影响”的主要研究方法和结论。②总结关于“精准播种对小麦冠层结构优化”的研究进展。然后将提取的数据整理并可视化，可以使用以下指令：①将提取的数据整理成表格，包括文献作者、年份、研究方法、主要结论等。②根据数据生成图表，展示密植对小麦产量和品质的影响趋势。最后对文献进行分析和逻辑比对，可以使用以下指令来完成：①对比不同文献中对“密植与光能利用效率”的研究结论，总结其一致性和差异性。②分析密植对小麦品质的影响机制，提取各文献中的核心观点。

(3)综合分析与创新点提炼。在以上文献提取与分析的基础上，进一步对文献进行综合分析。聚焦主题对收集的文献进行研究热点、空白点的综合分析。可以使用以下指令来完成：①根据文献内容，总结小麦密植提高单产和品质技术的研究热点和趋势。②分析近五年相关文献的研究方向变化，指出未来潜在的研究方向。③结合文献分析，指出小麦密植技术研究中尚未充分探讨的方向。④分析现有研究在“密植与抗逆性品种结合”方面的不足，并提出研究建议。在此基础上进一步通过文献综合分析提炼出主题、论点或创新点，可以使用以下指令来完成：①基于文献分析，提出小麦密植技术领域可能的创新研究方向。②结合社会需求和技术趋势，提炼具有应用价值的创新点。

(4)生成文献综述报告。通过前3个阶段的文献收集、内容提取与分析和综合分析，作者对文献的研究逐渐深入，对研究主题的现状、热点、趋势、创新点等内容有了相对深入和感性的认识，在此基础上可以使用以下指令来完成：撰写一份关于“小麦密植提高单产和品质技术研究进展”的文献综述报告，包括研究背景、现状、热点与趋势、创新点等内容。其中，热点包括×××、×××、×××等，趋势包括×××、×××、×××等，创新点包括×××、×××、×××等。

通过AI写作工具开展文献收集与整理是当前知识数字化时代最为便捷、高效的途径。国内已有部分高校允许AI工具可辅助完成文献综述(占比≤40%)及数据可视化，并不被认定为学术抄袭。但在文献收集与整理过程中，作者不能完全依赖AI写作工具自动生成相关文档，还必须身体力行对近期核心文献要亲自阅读，在字里行间感受文献作者的态度、看法和逻辑观点。对AI写作工具自动生成的文献综述报告要抱着批判、质疑的态度，逐行逐句进行细致的逻辑分析、辩证判断，去伪存真。在此过程中进一步对知识进行拓展、延伸创新，使自己的认识更加深刻，进而上升到一定的理论高度，形成体系，并具有独到之处。

2. 试验数据收集、整理和分析

农业科技活动离不开大量的新技术、新理论的科学试验研究。农业科学试验基于试验设计、试验数据收集整理和分析，从试验数据分析结论中揭示技术的原理、论点。

(1)试验数据收集、整理。试验数据收集基于试验设计方案的数据收集计划，包括田间测量、样品采集和实验室分析等试验数据采集的流程，以及关键指标测定的时间、地点和测定的方法。试验数据采集要坚持科学、严谨，需严格按照测定方法的时间、地点、采集的各项具体要求开展，不得弄虚作假，编造虚假数据，从而严重影响试验分析结果。确因特殊原因未取得原始数据，应及时向负责人汇报，按试验原始数据缺值处理。

试验原始数据收集填入设计表格中后，首先进行原始数据整理，可以使用以下指令来完成：①将采集的原始数据整理成结构化表格，包括试验处理、观测时间、观测指标等。②请清理数据中的异常值或缺失值，并提供处理建议。其次，进行标准化处理，可以使用以下指令来完成：①对分类试验数据进行标准化处理，确保数据格式一致。②请将不同单位的指标转换为统一标准(如百分比、标准单位)，以便后续分析。

(2)试验数据分析。试验数据分析包括：

①数据描述性分析。主要是对数据进行统计性分析，找出不同试验处理数据之间的比较差异。可以使用以下指令来完成：①对试验数据进行描述性统计分析，包括均值、标准差、变异系数等。②请生成不同处理组下小麦产量和品质指标的描述性统计结果。

②数据可视化。可以使用以下指令来完成：①根据试验数据生成图表，如折线图、柱状图、箱线图等，展示不同处理组的结果对比。②请绘制密植对小麦产量和品质影响的趋势图。

③统计检验。用于比较不同试验处理间是否有显著差异。可以使用以下指令来完成：①对试验数据进行方差分析(ANOVA)，评估不同处理组对小麦产量和品质的显著性影响。②请进行回归分析，探索密植与小麦品质指标之间的相关性。

④模型模拟。在农业研究中，模型模拟常用于作物生长、产量预测、资源管理等方面，可以补充或扩展试验结果，预测不同条件下的作物表现，深入分析作物生长的内在机制，优化生产管理决策。可以使用以下指令来完成：①利用作物生长模型(如APSIM、DSSAT)模拟密植条

件下小麦的生长过程。②请根据试验数据,验证模型的准确性,并对未来情景进行预测。

(3)归纳总结。根据试验数据分析结果,归纳总结试验新的发展和结论,即对不同处理之间的显著性差异、构建的模拟模型进行理论解释、机制分析,归纳总结形成论点和论断。

科技论文写作的核心是通过科学系统研究分析,归纳总结新的论点和论断的。论点是作者对某一事物作者提出的主张或观点,任何一篇论文都必须有论点。论文价值的大小,首先要看其论点是否正确、是否有创新主张或观点。论点出现在讨论的开始和中间部分,一般体现在讨论部分的各级标题,使用陈述语句,明确表达主张。比如作者在前期研究基础上提出"冬小麦密植技术可以显著提高单产"的论点,论点需要论据的支持,如通过试验结果分析发现"密植处理的产量比常规处理高20%"。论断是基于论点和证据得出的结论或推断,是对论点的总结或概括,通常出现在讨论结尾的结论性语句,总结论证结果。

归纳总结可以使用以下指令来完成:①总结试验结果,包括密植对小麦产量和品质的主要影响。②请归纳不同处理组之间的显著性差异及其解释。对研究新发现的机理分析可以使用以下指令来完成:①分析密植影响小麦产量和品质的潜在机制,如光照竞争、养分分配等。②请结合试验结果和文献资料,解释密植对冠层结构的优化作用。创新点提炼可以使用以下指令来完成:①基于试验结果,提炼密植技术在小麦生产中的创新应用点。②请结合社会需求和技术趋势,提出密植技术的改进建议。

农业科技论文完成以上前期准备,确立论点和论断时应掌握以下原则:

①科学性原则。科学性,就是要正确反映客观事物,并揭示其规律。首先,要求论点和论断必须正确,要用辩证唯物主义和历史唯物主义的观点观察问题,分析问题,解决问题,得出合乎客观实际的结论。其次,论点和论断的表达要准确。如果表达不准确,就不能确切地反映客观事物的规律,并且会给阅读者带来困惑。

②客观性原则。科学性要求实事求是,客观性要求一切从实际出发,对客观事物进行周密的调查研究,从中得出符合实际的结论。因此,必须尊重客观实际。

③创新性原则。即要求作者有自己的见解,能提出新问题、解决新问题。它包括补充性、匡正性论点和论断等。

④价值原则。论文中提出的论点和论断一定要具有价值意义。主要表现在两个方面:一是所确定的论点和论断应该与社会生活和科学文化事业密切相关,关系到千百万人的利益,成为千百万人关注的问题,具有很强的现实性;二是确定的论点和论断从表面上看似乎没有什么现实意义,或者没有实际用途,但是具有学术价值,甚至可能会产生不可估量的意义。

作者经过广泛阅读,大量收集资料,再进行整理研究,抽象概括,提出自己的见解,全文的核心论点就基本确定下来。在此基础上,再进行推敲、研究,进一步确立核心论点下属的分论点,及下位论点,用以阐发核心论点,为核心论点服务。论题大、篇幅长的论文,分论点下还有更下位的论点。各层论点确立后,要根据说明论述的需要,选取材料,写入论文中。选材时应认真鉴别,严格筛选,使所选取的材料有一定的深度,又有轻重、主次之分,构成一个论据体系。

(四)论文框架搭建阶段

GB/T 7713.2—2022《学术论文编写规则》、GB/T 7713.3—2014《科技报告编写规则》等对科技论文框架结构有明确要求,主要包括以下部分。

(1)标题(Title)。简洁明了,准确反映研究主题。

(2)署名(Authors):按贡献大小顺序排列完整姓名、工作单位、邮编,署名中标注有通信作者,需提供联系方式。

(3)摘要(Abstract):概括研究背景、目的、方法、结果和结论。

(4)关键词(Keywords):3～5个,便于检索。

(5)引言(Introduction):介绍研究背景、问题、目标和意义。

(6)材料与方法(Materials and Methods):详细描述研究设计、材料和方法。

(7)结果(Results):客观呈现研究结果,辅以图表。

(8)讨论(Discussion):分析结果的意义、创新点及与文献的对比。

(9)结论(Conclusion):总结研究的主要发现及其应用价值。

(10)致谢(Acknowledgements):感谢对研究有帮助的个人或机构。

(11)参考文献(References):规范引用相关文献。

(12)附录(Appendix):根据需要附录相关资料。

综述论文和研究论文结构框架有显著不同。以上是研究论文的标准框架结构,综述论文的结构通常更灵活,一般包括以下部分。

(1)标题(Title):明确反映综述的主题和范围。

(2)署名(Authors):按贡献大小顺序排列完整姓名、工作单位、邮编,署名中标注有通信作者,需提供联系方式。

(3)摘要(Abstract):简要概括综述的范围、主要内容和结论。

(4)关键词(Keywords):3～5个关键词,便于检索。

(5)引言(Introduction):介绍研究领域的背景和重要性,明确综述的目标和范围。

(6)主体部分(Main Body):按主题或时间顺序组织内容,总结和分析已有研究情况。通常有以下几种结构。

①研究进展分析(时间/逻辑演进)。主要围绕技术、理论突破,政策推动演进发展阶段分析研究,总结归纳发展规律。如人工智能技术发展:

1.1 萌芽阶段(2000—2010年):基于规则的专家系统。

1.2 发展阶段(2011—2015年):机器学习与遥感数据融合。

1.3 成熟阶段(2016年至今):深度学习与大模型应用。

②研究方法的对比(横向评价)。对不同研究方法,从多重维度(如准确性、成本、适用场景),通过对比工具(如表格/雷达图)进行比较研究,分析异同,各自优势、缺陷,总结归纳和建议科学合理的研究方法。

③研究主题的分类(纵向分支)。按照不同的分类标准(如按应用场景,或技术原理等)分析相关主题领域内存在多个明确分支方向的理论、方法、代表成果的优缺点,以及各分支方向的交叉关系,总结归纳未来重点研究分支方向。

④问题与争议(批判性分析)。研究分析领域存在明确待解决的"技术瓶颈"与"学术争议",提出优先级的解决方案。

⑤跨领域融合分析。适用于交叉学科综述。如:"农业机器人技术中机械设计与AI决策的协同挑战:从单任务执行到自主协作系统的演进。"

(7)讨论与展望(Discussion and Future Prospects):分析当前研究中的不足和局限性,提出未来研究的方向和潜在突破点。

(8)结论(Conclusion):总结综述的主要发现和启示。

(9)参考文献(References):引用的文献通常较多,需全面覆盖领域内的主要研究成果。

(10)附录(Appendix):根据需要附录相关资料。

论文框架的精准搭建,关键在于前期选题研究、文献调研和数据整理分析阶段是否形成清晰明确的写作主题和关键词,在文献调研和数据整理分析阶段是否已研究形成具有独特见解的观点、论点和论断。在此基础上,可以使用以下指令来完成:为"冬小麦密植提高单产与品质对品种和精准管理技术要求的研究"生成一个三级撰写提纲,包括引言、文献综述、研究方法、结果分析、讨论与结论五部分。其中,研究方法部分分品种特性(包括耐密植、高光效冠层、抗倒伏、抗病、专用粉品质等)、精准管理技术(包括精准播种、精准水肥管理、无人机绿色防控和追肥等)进行分项研究。在AI生产的论文框架基础上,作者还需根据自己的想法全面修改论文写作框架。

(五)时间管理与任务分解

科技论文写作是一项庞大的知识创新工程,需要多人参与,分工写作完成,就需要制定时间表和任务分工表,明确写作任务和时间节点要求。任务分工和时间安排表也可以通过AI指令协助生成,然后撰写工作计划初稿。

任务实施

在你感兴趣的提高某种粮食作物单产和品质的新技术集成推广研究领域选择一个农业科技论文写作主题,比如小麦密植技术提高单产和品质关键技术集成的研究,按照农业科技论文写作前的准备各阶段工作流程和要点,以及写作技巧,完成一篇自选主题的文献综述报告(不少于3 000字,包括研究背景、现状、热点与趋势、创新点等内容)、论文撰写的三级框架提纲(包括标题、引言、文献综述、研究方法、结果分析、结论等),以及该科技论文的写作计划。

任务评价标准

1. 文献综述报告

(1)文献综述报告内容结构和篇幅合理,合理使用AI工具(20%);

(2)对研究背景和现状的分析研究客观全面(20%);

(3)对研究主题的当前的热点和趋势分析把握准确(30%);

(4)通过文献综合研究分析围绕研究主题提炼的新论点和论断等知识创新点逻辑分析科学并具有前瞻性(30%)。

2. 论文框架提纲

(1)确定的论文题目与论文研究内容契合度高(30%);

(2)论文框架提纲要素齐全、三级标题逻辑清晰、表述准确(30%);

(3)对三级标题的拟写作内容阐述有深度思考和安排(40%)。

3. 科技论文的写作计划

(1)写作计划格式规范(30%);

(2)对写作时间和任务安排合理,内容翔实,分工合理(70%)。

知识训练

一、思考题

1. 农业科技论文的写作特点有哪些?
2. 农业科技论文写作前期准备工作的环节包括哪些?
3. 如何利用AI写作工具生成文献综述报告?

思考题参考答案

二、填空题

1. 农业科技论文的规范性要求包括____________和____________。
2. 文献综述的主体部分通常按____________或____________组织内容。
3. 农业科技论文标题需____________,准确反映研究主题。
4. 农业科技论文完成以上前期准备,确立论点、论断应掌握以下____________、____________、____________、____________等原则。
5. 试验数据分析包括____________、____________、____________、____________等。

填空题参考答案

任务2

科技论文写作和后期完善训练

学习任务描述

科技论文写作在完成大量前期准备后,就可以进入科技论文全文写作阶段,在前期文献研究分析、数据整理分析和论点、论断归纳总结的基础上,进一步明晰写作主题和关键词,在此基础上凝练和选择写作题目(也可以先草拟一个题目,等论文完成后再确定)。然后依次按顺序写作引言直至结论和参考文献。最后再返回来写作摘要,确定最终题目,完成署名。科技论文基本定稿后,需进一步进行语言润色、结构调整、校对、规范格式、文字重复率检测与降重、同行审阅与反馈等后期完善工作,之后可以有目的地选择投稿刊物,投稿后针对审稿意见进行回复和修改,直至科技论文正式发表。本任务以任务1开展的研究主题为基础,在文献综合研究的基础上,撰写一份综述论文,系统学习农业科技论文写作和后期完善阶段的各项任务的工作方法、要点和写作技巧，实战训练写作能力。

相关知识

一、农业科技论文各部分写作方法

（一）题名

农业科技论文的题名又叫作“题目”“标题”或“文题”。有的题名还包括副标题或引题。一篇论文一般还有若干段落标题，也称层次标题或小标题。题名是一种标记，题名不是句子，它比句子更简洁。

GB/T7713.2—2022《学术论文编写规则》规定：题名是论文的总纲，是反映论文中重要特定内容的恰当、简明的词语的逻辑组合。题名中的词语应有助于选定关键词和编制题录、索引等二次文献所需的实用信息，应使用标准术语、学名全称、药物和化学品通用名称，不应使用广义术语、夸张词语等。为便于交流和利用，题名应简明，一般不宜超过 25 字。为利于国际交流，论文宜有外文（多用英文）题名。下列情况允许有副题名：题名语义未尽，用副题名补充说明论文中的特定内容；研究成果分几篇报道，或是分阶段的研究结果，各用不同副题名以区别其特定内容；其他有必要用副题名作为引申或说明者。题名在论文中不同地方出现时应保持一致。

不管读者是从检索工具，还是期刊目录等地方接触某篇论文，论文题名都是读者先接触的。判断一篇论文是否值得一读，也是从题名开始的。如题名不当，需要的读者不会去阅读它，因而失去应起的作用。为文章争取读者，为报告争取听众，都必须考虑拟定好的论文题名。可见一篇科技论文的题名是十分重要的。

1. 题名写作要求

科技论文题名一般要求以最明晰、最简练而便于检索的词组，简单明了、恰当、鲜明、准确地概括论文中最主要的内容，同时又引人注目。国外通常要求科技论文题名符合四性，即简短性、明确性、可检索性和特异性。

在科技论文的写作中，往往先草拟一个题名，等论文完成后，再拟定题名。拟题过程中，可设想几个题名加以选择，也可查阅有关文献，避免与同类论文的题名相似或雷同。

题名有时含副标题或引题。副标题的形式一般是在主题名下一行用破折号引出副标题；引题的一般形式由冒号引出（如主题名：引题名）。在对待副标题和引题问题上有两种观点：一种观点认为，为了使题名提供尽可能多的信息，又使题名尽可能地简明，可采用副题名的方法；另一种观点认为尽量不使用，因为每一篇发表的论文“应提出独立而完整的研究结果，而不提倡标有篇序的系列文章”，系列文章内容的不独立完整，严重妨碍了读者的阅读和理解。

2. 题名选择应避免的几类错误

（1）题目内涵过大。尽量不要使用诸如“……的研究”“……的分析研究”“……的探讨”“……调查”“……观察”“……的机理”“……的规律”等大概念词语。可多采用“……浅谈”“试论……”“……初探”“……漫谈”“……之我见”“……刍议”等内涵和外延具体的词语。

例如,“关于果汁中所含化学成分的快速分析方法的研究”,不如选题名为“果汁中化学成分的快速分析法”,使其内涵和外延更加具体。

(2)空泛不具体、可检索性差,反映不出“特定的内容”。例如,“链霉素对结核分枝杆菌的作用”,不如使用“用链霉素抑制结核分枝杆菌的生长”。

(3)文题不符以大代小,以全代偏,以小代大,以偏概全。例如,“新能源的利用研究”(文中只讨论了沼气的利用问题),不如选用“沼气的利用”。又如,“论机械化在我国农业现代化建设中的作用”(文中提出了对于这一论题的定量分析方法,建立了数学模型,并进行了一系列计算,得出了比较有说服力的结论),不如选用“机械化在我国农业现代化建设中作用的定量分析”。

(4)概念模糊与逻辑错误。例如,“煎炸油质量测试仪的研制”(“质量”有物质的重量与产品优劣程度和品质等不同含义,文章内容是指测量煎炸油的品质,而不是煎炸油的多少),所以题名最好定位为“煎炸油品质测试仪的研制”。又如,“对农村合理的人、畜、机动力组合的探讨”(人、畜、机动力是3个不同概念,本质属性上没有共同点,不能并列组合在一起),应改为“对农村合理的人力、畜力、机动力组合的探讨”。

(5)词序、语序不当。例如,“计算机辅助小麦病虫害动态监测方法初探”,应改为“小麦病虫害动态监测计算机辅助方法初探”。又如,“滴灌毛管压力特点和分布规律的探讨”(称为“滴灌毛管的压力特点”和“滴灌毛管的压力分布规律”,作者本意是滴灌毛管压力特点的分布规律),最好用“滴灌毛管压力的特点和分布规律”。

(6)结构不对。习惯上题名不用动宾结构,而用以名词或名词性词组为中心的偏正结构。例如,“研究一种制取苯乙醛的新方法”,应改为“一种制取苯乙醛的新方法”。

(7)省略不当。例如,“几种天然固体基质栽培玫瑰的比较试验”(固体基质做主语道理上讲不通,蕴藏主语为“作者”),应改为“用几种天然固体基质栽培玫瑰的比较试验”。又如“荧光光度法测定蔬菜微量汞”,应改为“用荧光光度法测定蔬菜微量汞”。

利用AI写作工具,可以使用以下指令来辅助提炼科技论文标题:①生成一个关于“小麦密植提高产量和品质”的科技论文标题,要求简洁且包含×××、×××、×××等关键词。②我在开展冬小麦品种特性、精准管理集成技术在密植提高单产与品质影响因素研究,品种特性包括耐密植、高光效冠层、抗倒伏、抗病和专用粉品质等,精准管理集成技术包括精准播种、精准水肥管理、无人机绿色防控和追肥等,请帮我提供3个论文标题,并提出推荐意见。也可以对已拟定的标题进行优化,如:①通读并分析上传的全文,请分析现有标题:术语准确性;吸引力指数;SEO表现等方面是否需要优化。②请对现有标题《×××》进行优化:控制15个单词以内;增加关键词×××、×××;符合Nature子刊风格。

(二)引言(或前言、绪论)

GB/T 7713.2—2022《学术论文编写规则》、GB/T 7713.3—2014《科技报告编写规则》等规定:引言(或前言、绪论)简要说明研究工作的目的、范围、相关领域的前人工作和知识空白、理论基础和分析、研究设想、研究方法和实验设计、预期结果和意义等。引言应言简意赅,不要与摘要雷同,不要成为摘要的注释。一般教科书中已有的知识,在引言中不必赘述。比较短的论文可以只用小段文字起着引言的效用。学位论文为了需要反映作者已掌握了坚实的基础理论和系统的专门知识,具有开阔的科学视野,对研究方案做了充分论证,因此有关历史回顾和前人工作的综合评述,以及理论分析等,可以单独成章,用足够的文字叙述。

引言的目的是给出作者进行本项工作的原因，期望达到的目的。因此应给出必要的背景材料，让对这一领域并不特别熟悉的读者能够了解进行这方面研究的意义，前人已达到的水平以及已解决和尚待解决的问题，最后应用一两句话说明本文的目的和主要创新之处。

1. 引言的构成

科技论文引言一般包括以下四部分内容：

(1)研究背景。系统介绍研究领域的现状、重要性及关键问题。

(2)研究现状(文献综述)。总结前人研究成果，指出现有研究的不足或空白。

(3)研究目的。明确论文要解决的核心问题或拟验证的假设。

(4)研究意义。说明研究的理论价值或实践应用前景。例如，(背景)小麦密植是提高单产的重要途径，但过度密植易导致倒伏和品质下降。(现状)前人研究表明……(A，2020；B，2022)，然而对×××因素的作用机制尚未明确。(目的)本文通过…实验，揭示×××对密植小麦抗倒伏性的影响。(意义)结果为优化种植模式提供理论依据。

2. 引言写作的注意事项

科技论文引言写作需遵循"背景→现状→问题→目标→意义"的递进逻辑，不能逻辑混乱，内容跳跃。要突出研究重点和关键，明确表述研究目的(如"本研究旨在探究……")，不能含糊其词。引言的篇幅一般控制在全文的10%，内容选择不能过于分散、琐碎，措辞要精练，能吸引读者。要避免重复摘要内容或堆砌无关背景资料；结构内容不全，如遗漏研究空白等；对前人成果评价不客观或研究范围界定不够清晰；不在引言中指明重要发现，或从摘要中删除重要的研究成果，而到论文的最后部分才指明，误导读者了解不重要信息，提前终止阅读。

利用AI写作工具，可以使用以下指令来辅助引言部分的写作：①生成关于冬小麦密植技术对产量和品质影响因素研究的引言段落，包括研究背景、问题陈述和研究目标。字数控制在600字以内。②按照研究背景→文献综述→现存问题→本文方案→论文结构，生成引言部分。也可以对已修改的引言部分进行优化润色，如：基于上传的全文，检测引言部分：①文献综述覆盖率；②研究gap表述清晰度；③方法论铺垫充分性，并生成修订批注。

(三)正文

正文部分是科技论文的核心，是体现研究工作成果和学术水平的主要部分，它占据论文的最大篇幅。论文所体现的创造性成果或新的研究结果，都将在这一部分得到充分的反映。因此，要求这一部分内容充实、论据充分、可靠、论证有力、主题明确。正文的结构形式取决于科研成果的内容。不同的科研成果，需要用不同结构形式的科技论文来反映。因为不同学科领域的科研成果，在研究方法、实验观察过程、逻辑推理、结果表现形式等方面有所不同。

一般正文为了做到层次分明、脉络清晰，常常将正文部分分成几个大的段落。这些段落即所谓逻辑段，一个逻辑段可包含几个自然段。每一逻辑段落可冠以适当标题(分标题或小标题)。

段落的划分，应视论文性质与内容而定。研究论文一般划分为"材料与方法""结果分析""讨论"等三大部分，综述论文一般划分为"主体部分""讨论与展望"两大部分。

1. "材料与方法"的写作方法

这一部分主要是要说清楚"怎么研究这个问题的"，把实验(试验)方案与实施情况进行简明扼要地叙述，读者能够按叙述重复验证。材料包括材料来源、性质、数量、选取和处理事项等。方法包括实验仪器、设备、实验条件、测试方法、实验(试验)方案设计等。以叙述为主，文字描述上详略要得当，关键技术方法要阐述清楚。引用文献资料、介绍的常规方法和内容只需标明引用文献序号即可，不必大段抄录。过于琐碎详细或在关键方法、重要内容上交代不清都是不行的。读者可以从论文所提供的“材料与方法”中判断出试验结果的可靠程度，如果交代不清楚，就会给读者造成“材料不典型、方法不正确、结果不可信”的印象。

利用AI写作工具，可以使用以下指令来辅助“材料与方法”部分的写作：基于×××实验（试验）方案，生成材料与方法，包括材料、步骤和数据分析方法。

2.“结果分析”的写作方法

这一部分是论文的“心脏”部分，全文的一切结论、论断由此得出，一切议论由此引发，一切推理由此导出。结果是指试验所取得的数据和观察到的现象，即“你发现了什么”。这部分主要以图或表等手段整理试验结果，进行结果的分析和讨论，包括通过数理统计和误差分析说明结果的可靠性、可重复性、范围等；进行实验结果与理论计算结果的比较分析，包括不正常现象和数据的分析。如果结果分析相关内容涉及全篇，应留在结论或讨论部分进行。

利用AI写作工具，可以使用以下指令来辅助“结果分析”部分的写作：①根据以下数据生成结果描述，重点突出主要发现[输入相关数据]。②总结研究中的关键发现，并结合数据得出结论。③根据数据分析，讨论[研究变量]对结果的影响，并解释其背后的原因。④结合实验数据，分析研究过程中出现的偏差和可能的原因。⑤根据我提供的实验数据，生成一个实验结果部分，包含数据分析、图表说明和数据解读，强调研究发现和其对现有理论的影响。

3.“讨论”的写作方法

这一部分主要是对研究结果的深入分析，旨在解释结果的意义、与已有研究对比并提出新的发现、新的论断或观点，并同时分析指出研究的局限性和未来方向。写作时可按以下步骤进行：一是总结主要新的发现，简要重申研究的重要结果，突出其对核心问题的解答和贡献；二是结合理论或实际应用，分析结果的价值及对领域的潜在影响；三是将结果与文献对比，说明一致性或差异，并分析原因，形成作者新的论断或观点；四是客观评估研究的不足，如样本量、实验设计等，明确其对结果的影响，五是基于研究的局限性和未解决问题，建议后续研究的方向。讨论的写作需逻辑严谨、语言简洁，避免重复结果部分，注重学术性和深度，体现研究的创新性与应用前景。

利用AI写作工具，可以使用以下指令来辅助“讨论”部分的写作：①生成冬小麦密植技术对产量和品质影响因素研究讨论部分框架，包括结果解释、文献对比、局限性和未来方向。②将以下内容组织成完整的讨论部分（结果分析、文献对比、局限性等）。

（四）结论

结论是全文的收尾，是对研究所取得的结果进行分析判断，得出初步结论的过程，即“你发现了什么”。这部分有时与讨论部分合二为一，其目的是在总结研究结果、强调研究意义，并提出未来研究方向。在总结研究结果时注意用简洁的语言重申研究的主要发现，突出核心结论，避免重复细节与讨论内容的重复、交叠。在强调研究意义时要充分说明研究结果如何丰富或验证现有理论，体现出理论价值；指出研究结果的潜在应用价值或对行业、社会的贡献，体现实用价值；同时强调研究的独特贡献和突破性发现。讨论局限性与不足时客观指出研究的局限性，说明局限性对结果的影响，避免夸大或淡化问题。最后基于未解决的问题或局限性，提出后续研究的建议。

结论部分写作叙述要简洁明确，使用准确、直接的语言，避免模糊或冗余的表达。逻辑要清晰，结论部分应层次分明，与引言和讨论部分相呼应；不要在结论中引入新的数据或提及未讨论过的问题。

利用AI写作工具，可以使用以下指令来辅助“结论”部分的写作：根据实验结果和文献综述，撰写论文的讨论部分，重点分析结果的意义、局限性和未来研究方向。最后生成结论部分，总结本研究的贡献及未来研究建议。

（五）致谢

按照GB/T 7713.2—2022《学术论文编写规则》规定，致谢语句可以放在正文后，体现对下列方面的致谢：国家科学基金、资助研究工作的奖学金基金、合同单位、资助和支持的企业、组织或个人；协助完成研究工作和提供便利条件的组织或个人；在研究工作中提出建议和提供帮助的人；给予转载和引用权的资料、图片、文献、研究思想和设想的所有者；其他应感谢的组织和个人。

编写致谢时不能直呼其名，应加上“某教授”“某博士”等敬称。例如，“本研究得到‘×××教授，×××博士’的帮助，谨致谢意。”“试验工作是由×××单位完成的，×××工程师、×××师傅承担了大量试验工作，对他们谨致谢意”。

（六）参考文献

著录的参考文献是作者亲自阅读过的近期发表的核心文献、经典文献。参考文献包括正文中引用文献和文后(末)参考文献表。文后参考文献表又分为两种：一种是把正文中引用过的参考文献编制成文后参考文献表；另一种是作者推荐阅读的参考文献表。参考文献是科技论文的重要组成部分，起着其他部分不能替代的重要作用。它能反映科学研究的发展脉络，体现科学的继承性，为科技论文提供文献依据，体现了对他人劳动成果的尊重，避免剽窃抄袭之嫌。作者借用引用文献可精练文字、压缩篇幅。读者可从中获取论文中提及而未展开的更广泛的相关资料线索。审稿者、编辑者可用于初步评估论文水平和决定论文取舍。情报工作者用其编制引文索引等检索工具，进行引文分析。

1. 选择参考文献的技巧

论文所引用的文献应是与论文主题密切相关的、最主要的文献。同时反映论文研究的基础和科学依据，反映作者尊重他人研究成果，严谨的科学态度。选择参考文献应考虑引用数量、语种、出版时间、来源和著译者5个方面：

(1)引用数量。参考文献的引用数量根据论文类型、科学研究状况、学科发展概况而定，一般而言，新兴学科论文引文数量有限。成熟的基础科学，如果引文有限，那么就难以说明作者对学科发展状况进行了深入了解。专业性强的综述、评论等，引文较多。一篇论文需列多少参考文献，不同国家、不同期刊、不同学科要求不同。根据统计入选SCI的每篇文章的平均引文为20.8篇。

(2)语种。语种分布是反映作者对当前学科研究现状掌握程度的重要指标。如果参考文献全部为中文或外文文献很少，那么编辑在初审时会意识到该论文作者可能只对国内该学科的研究现状有所了解，多为国内研究水平。只有及时掌握学科的国际研究动态，才能真正从事高水平的科学研究。参考一定量的外文文献是写出优秀论文的前提之一。

(3)出版时间。学术论文所附参考文献一般以从事科研时期内的文献为主,多为3～6年内,超过8年的文献很少。情报综述类论文的参考文献多在2～3年或更近,3～4年则论文发表意义不大。某些学科的经典理论则多不受时间限制。

(4)来源。在国际、国内有一批期刊只刊登学术水平高、具有较好创新性的文章,如果一篇论文所附这种优秀期刊的文献信息很少,说明该作者较少参阅那些高水平的、真正有价值的文献,这类论文的层次不会太高。作者若引用水平不高、影响较小期刊上的文献,编辑应对其可靠性表示怀疑。

(5)著译者。各学科领域都有一批公认的著名专家、教授,他们多是本学科的权威。他们及其科研集体常占领该科学的前沿,成果丰厚。如参考文献多出自他们之手,至少说明作者对该学科前沿有所掌握。

2. 参考文献的格式

科技文章的参考文献格式是论文写作中的重要组成部分,不同期刊或会议可能采用不同的引用风格。以下是常见的几种参考文献格式:

(1)APA格式。常用于社会科学领域。

(2)MLA格式。多用于人文学科。

(3)IEEE格式。工程和计算机科学领域常用。

(4)Vancouver格式。医学和生命科学领域常用。

(5)Chicago格式。综合性强,适用于多种学科。

根据GB/T 7714—2015《信息与文献 参考文献著录规则》,不同文献的参考文献格式规范如下:

(1)期刊文章。

格式:作者. 文章标题[J]. 期刊名称,出版年份,卷号(期号):起止页码.

示例:张三,李四. 可再生能源研究进展[J]. 清洁能源学报,2020,15(3):123-135.

(2)书籍。

格式:作者. 书名[M]. 版本(非第一版需标注). 出版地:出版社,出版年份:起止页码.

示例:王五. 气候变化与社会[M]. 北京:绿色出版社,2019:45-50.

(3)会议论文。

格式:作者. 论文标题[C]//会议名称. 会议地点:会议主办方,出版年份:起止页码.

示例:张三,李四. 可再生能源研究进展[C]//国际清洁能源会议论文集. 北京:科学出版社,2021:45-50.

(4)学位论文。

格式:作者. 论文标题[D]. 学位授予单位,年份.

示例:王五. 气候变化对农业的影响研究[D]. 北京大学,2020.

(5)专利。

格式:发明人. 专利名称:专利号[P]. 专利国别,公开日期.

示例:张三,李四. 一种新型太阳能电池:CN123456[P]. 中国,2021-03-01.

(6)标准。

格式:起草单位. 标准名称:标准编号[S]. 出版地:出版社,出版年份.

示例:国家标准化管理委员会. 信息安全管理体系要求:GB/T22080—2016[S]. 北京:中

国标准出版社，2016.

（7）网页或在线资源。

格式：作者．网页标题[EB/OL].（发布日期）[引用日期]. URL.

示例：王五．气候变化事[EB/OL].（2022-01-15）[2023-10-01]. https//www.climatecentral.org.

在科技论文写作过程中，可以使用文献管理工具（如 EndNote、Zotero、Mendeley 等），帮助自动插入和管理参考文献。

（七）摘要

国际标准 ISO214—1976 指出：摘要是一份文献内容的准确压缩，不加解释或评论。GB/T 7713.2—2022《学术论文编写规则》规定：摘要是报告、论文的内容不加注释和评论的简短陈述。摘要是读者判断论文价值，判断论文是否值得阅读的依据。写好摘要是科技人员写作所必备的基本功。如果一篇内容价值较高的学术论文，其摘要写得平平淡淡，不能体现论文的特点和学术价值，将带来一系列不利影响，比如失去被刊载的机会，使需要本文的读者不会阅读全文，从而失去应有的学术影响。对中文期刊论文而言，难以进入国际检索系统等。

摘要分为报道性摘要、指示性摘要、报道——指示性摘要、结构性摘要等种类。学术期刊多采用报道性摘要，特别是试验研究和有定量数据的论文。对新内容较少，或数据少的论文用指示性摘要或报道——指示性摘要。摘要的内容一般由 3 部分组成：研究目的，研究方法，研究结果或结论。中文摘要一般 200～300 字，外文摘要字数不超过 250 个实词。摘要的详简程度和篇幅大小根据具体情况及要求而定。期刊论文摘要通常位于署名和单位地址之后。

利用 AI 写作工具，可以使用以下指令来辅助“讨论”部分的写作：①根据以下研究内容生成摘要：研究背景、方法、结果和结论[输入论文]。②通读并分析上传的全文，根据以下段落生成结构化摘要：背景（50 字）/方法（80 字）/结果（70 字）/结论（50 字）。③请优化摘要逻辑结构：问题陈述→方法创新→关键发现→理论贡献四段式。④将现有摘要压缩至 200 字以内，保留 5 个核心关键词：×××、×××……

（八）署名

在科技论文上署名能表明署名者的身份，即拥有著作权，并表示承担相应的义务，对论文负责。署名和地址的编写是检索工具编制作者检索途径、单位检索途径的需要，是引用、引文统计的需要，是评价作者水平和学术地位、影响力等的需要，是出版社及读者与作者联系的需要。

署名标志着对论文拥有著作权。同时承担文责自负的义务，就是论文一经发表，署名者应对论文负责。负有政治上、科学上的责任和道义上的责任。如果论文中存在剽窃、抄袭的内容，或者政治上、科学上和技术上存在错误，那么署名者就应完全负责，署名即表示作者愿意承担这些责任。

一般学术性期刊中将署名置于题名下方，并采用如下格式：

作者姓名
（作者工作单位名称 所在地名 邮政编码）

如果作者分属不同单位，需要用上标标注。如：

×××[1]×××[2]　×××[3]

（1. 黑龙江省农业科学院生物技术研究所　哈尔滨　150086；2. 东北林业大学生命科学学院　哈尔滨　150040；3. 黑龙江省农科院信息中心　哈尔滨　150086）

（九）后期完善

科技论文后期完善阶段是确保论文逻辑清晰、语言准确、格式规范的关键环节，主要有以下工作。

1. 优化论文逻辑结构

采用论文修改定稿的相关方法，反复审阅论文，不断检查修改，确保论文各部分（引言、方法、结果、讨论）逻辑清晰，内容衔接自然；每个段落应有明确的主题句和支撑句，段落之间通过过渡词或句子流畅连接，论文核心观点和研究结果表述清晰。可以使用以下AI写作指令：分析以下论文结构，提出优化建议[输入论文大纲]”“分析以下论文段落，使其逻辑更清晰[输入段落]。

2. 语言润色

通过语言润色提升论文的语言表达和学术规范性，避免使用复杂句式或冗余词汇，确保语言简明易懂，保持时态一致。使用领域内公认的专业术语，避免模糊或不准确地表达。可以使用以下AI写作指令：①对以下段落进行学术语言润色，使其更符合科技论文风格[输入段落]。②重新组织以下段落，使其逻辑更清晰[输入段落]。③调整引言篇幅，将技术细节部分转移至方法论章节，保留核心论证。④将以上文字重新修改，写作风格介于书面学术写作和口语描述之间。确保句子都要有主语，不要用复杂的长难句，尽量用短句输出。替换掉非日常词汇。

3. 校对检查数据与图表、参考文献格式与排版

用校对工具对全文进行校对检查。核对所有数据是否与实验结果一致，确保计算或录入数据准确无误，图表清晰，有简洁的标题和标注，能准确反映研究结果，避免误读、误导读者。细致核对每篇文献的引用是否与正文一致，格式是否统一、准确，避免漏引、误引。系统检查论文的字体、字号、行距、页边距等是否符合期刊或机构的规定，各级标题应层次分明，格式统一。图表是否按照章节或顺序编号，确保与正文引用一致。

4. 文字重复率检测与降重

使用文字重复率检测工具（如Turnitin、CNKI文字重复率检测）检测重复率，确保论文原创性。对出现重复率高出标准的情况，可以采取人工降重或使用AI工具降重的方法，但使用AI降重工具时要重新审核论文各段落行文表达的准确性。在此写作环节中可以使用以下AI写作指令：①对以下段落进行文字重复率检测，并提出降重建议[输入段落]。②将句子过渡词和连接词替换为基础、常用的词语。避免使用复杂或生僻的词汇。确保句子之间的逻辑关系清晰，删掉文末总结部分。

5. 同行审阅与反馈

请同行或导师审阅论文，提供修改建议。根据审阅意见进一步完善论文，确保问题全部解决。

二、投稿与提交跟进

科技论文投稿准备阶段是确保论文质量符合期刊要求、提高投稿成功率的关键，主要有以下几个环节。

1. 选择合适的期刊

根据论文研究领域、创新性和影响力，研究国内外各相关期刊官网的投稿指南（Author Guidelines），了解收稿范围，选择目标期刊（如 SCI、EI、核心期刊等），了解格式、字数、图表、引用等方面的要求，确保论文主题符合期刊的要求。

2. 撰写投稿信

撰写投稿信，概述论文的研究内容、创新点和意义，说明论文符合期刊的收稿范围，声明论文为原创成果，未在其他期刊投稿或发表。最好提供 3～5 位相关领域的审稿人信息和推荐意见，增强期刊编辑对论文稿件的关注度。可以使用以下 AI 写作指令：①生成一封针对［期刊名称］的投稿信，简要介绍研究内容和意义［输入研究摘要］。②修改以下投稿信，使其更符合期刊要求［输入投稿信］。

3. 准备附加材料

提前准备签署期刊要求的版权转让协议或开放获取声明，提供所有作者的姓名、单位、邮箱等信息，确保无误。补充如数据、代码、附录等材料，按期刊要求及时提交。

4. 提交与跟进，及时回复审稿意见

通过期刊官网的投稿系统在线提交论文及相关材料，保存投稿确认信息和稿件编号，定期登录投稿系统查看审稿进度，及时修改、回复审稿意见。可以使用以下 AI 写作指令：①根据以下审稿意见生成回复信，逐一解释修改内容［输入审稿意见］。②针对以下审稿意见，修改论文中的相关段落［输入审稿意见］。

任务实施

根据任务 1 的选题，撰写一篇综述论文（字数不少于 5 000 字）。

任务评价标准

（1）综述论文结构完整，作者行文表述规范（20%）；

（2）引言部分结构完整，言简意赅，突出研究目的和意义表述，主体部分文献分析归纳结构合理、流畅（30%）；

（3）论点、论断分析逻辑清晰，归纳准确有创新点（30%）；

（4）报告篇幅合理，文字表述清楚，易于阅读（20%）。

知识训练

思考题参考答案

一、思考题

1. 科技论文引言的核心构成部分有哪些？各部分的写作要求是什么？
2. 农业科技论文题名写作中应避免哪些常见错误？请举例说明。
3. 参考文献的选择需考虑哪些因素？如何体现文献的学术价值？
4. 如何优化科技论文的讨论部分？其核心内容应包括哪些方面？

二、填空题

1. 农业科技论文的题名一般不宜超过__________字，外文题名不宜超过__________个实词。

2. 科技论文引言的主要目的是__________、__________和__________。

3. 参考文献的语种分布是评价作者__________的重要指标，若缺乏外文文献可能反映__________。

4. 题名选择常见错误有：__________、__________、__________、__________、__________、__________、__________。

5. 署名作者需承担__________责任，包括__________、__________和__________责任。

6. 投稿信需说明论文的__________、__________，并推荐__________作为审稿人。

填空题参考答案

项目 6

毕业设计论文的撰写与答辩技巧

项目导学

农业科技论文写作能力是农业科技工作者总结生产经验、开展科学试验，以及对农业科学技术、理论创新成果发表和进行交流的一项基本功。也是农业高职、职业本科学生毕业设计必须完成的一项综合作业。所以，学会撰写农业科技论文无论是对学生生产与科研，还是对论文发表、职称晋升都有重要的意义，是帮助学生事业发展的一项重要技能。

在本教学项目中，重点就农业类高职、职业本科学生毕业设计和就业后从事科技工作常用的科技报告文体进行写作知识学习训练，掌握写作规范和技巧。

学习目标

知识目标

1. 能准确描述毕业论文的结构和框架知识；
2. 能准确描述毕业论文的写作规范要求和技巧；
3. 能准确描述毕业答辩规范要求及答辩技巧。

技能目标

1. 能准确运用毕业论文结构框架知识拟定毕业论文结构框架；
2. 能准确运用毕业论文结构框架各部分的要求撰写毕业论文；
3. 能运用毕业论文答辩规范要求和答辩技巧完成毕业论文答辩；
4. 能够借助 AI 工具辅助完成毕业论文的写作和答辩任务。

素质目标

1. 增强社会工作逻辑表达能力和社交心理素质；
2. 培养耐心、恒心、认真踏实、精益求精的做事态度。

知识图谱

- 毕业设计论文的撰写与答辩技巧
  - 毕业设计论文要求与撰写方法
    - 毕业设计的目的与内容——培养综合应用能力、毕业设计环节概述
    - 毕业设计论文特点——撰写程序特点、根据选题选择文本
    - 撰写毕业设计论文要求——指导思想与原则要求、内容与篇幅要求、格式与时间要求
    - 毕业设计论文撰写程序
      - 预先准备——基础理论与方向范围准备、材料与技巧准备、关注新发展与心理准备
      - 统一安排与面授辅导
      - 确定导师与选定题目——确定指导教师与兼职指导教师、选定毕业论文主题范围与参考题目
      - 拟定论文框架提纲——撰写框架提纲与导师审阅
      - 学习导师指定的参考书目——参考书目对研究的指导作用
      - 选题研究——整理已有资料与集中搜集信息资料
      - 执笔撰写——撰写方法与注意事项
      - 导师审阅与誊清打印——毕业论文初稿审阅与格式要求
    - 技能训练——编写毕业设计开题报告、按规定格式撰写一篇毕业论文
  - 毕业设计论文答辩技巧
    - 答辩一般规定与资格审查——答辩委员会组成与资格审查
    - 答辩前的准备——组织安排与答辩委员评阅论文
    - 答辩一般要求与程序——答辩程序与时间控制
    - 答辩时应注意的问题——展现职业仪表与学识能力
    - 答辩结束与后续——答辩结束的礼仪与意见梳理
    - 技能训练——制作论文答辩 PPT、模拟论文答辩

任务 1

毕业设计论文要求与撰写方法

学习任务描述

毕业设计是我国高等教育人才培养中的一个重要实践教学环节。通过本学习任务，让每位学生了解毕业设计和毕业论文撰写的基本要求和撰写的方法技巧。

相关知识

毕业设计是实现高等教育培养目标的重要实践性教学环节，目的是培养学生综合应用所学的基础理论、专业知识和技能，发现问题、分析问题和解决实际问题的能力，以及针对专业技术领域开展技术研发与技术集成、工艺改进、产品（服务）方案设计、作品创作、成果转化、生产管理优化等方面的创新实践能力。毕业设计包括选题、开题、毕业设计指导、毕业论文撰写、答辩、成绩评定，以及毕业设计组织管理、教学管理和质量监控等环节。按教育部高等职业教育本科专业教学标准要求，可将工艺改进、产品（服务）设计、技术（服务）创新、技艺展示、专利研发等作为毕业设计（创作）的重要内容突出，一般不要求学生撰写学位论文，鼓励毕业生专业学习与生产一线生产实践和技术创新活动相结合。

一、毕业设计论文的特点

毕业设计论文与一般的学术论文由于撰写的目的、意义和条件不同，所以撰写的程序有明显的特点。高等职业教育，特别是职业本科毕业设计选题主要以当前专业前端技术领域应用技术科研、新工艺流程设计、新技术方案设计、新技术集成配套、新技术推广应用、行业调查研究、成果转化和创业项目孵化等为实践教学载体开展。毕业设计论文的文体可选择科技论文、试验报告、技术推广服务总结、工艺改进报告（方案）、产品（服务）设计方案、调研（考察）报告、专利报告、项目可研报告、创业计划书等，属于广义的科技论文。

撰写毕业设计论文的目的，主要是在综合运用所学的理论及专业知识，结合生产实际制定毕业设计任务，提出问题并开展课题研究的基础上，通过文献研究、数据分析，系统归纳总结研究成果，提出解决问题方案，提出新的论点和论断，从而使自身在专业理论、知识、岗位能力等诸方面得到一次全面的提高，得到一次系统的实战训练。

毕业设计论文主题来源于毕业设计的选题。选题需满足以下基本要求：

(1)专业性。选题应符合专业培养目标，满足人才培养要求，贴近专业实际。要通过做毕业设计，使学生具备运用所学专业知识解决实际问题的能力。

(2)实践性。选题应结合生产实践、科研实践和社会实践，全部来源于企业真实生产项目或教师技术研发项目，并体现出一定的综合性。

(3)创新性。选题应突出创新性，结合技术创新、工艺优化、产品改造等，使题目在难度适中的情况下尽可能地反映社会生产的需要。

(4)可行性。选题应充分考虑高职、职业本科生知识、能力、水平和工作条件的实际，保证学生在规定时间内通过努力能够完成任务或取得阶段性成果。

(5)个性化。选题要体现因材施教的教育方针，鼓励学生根据自身兴趣自行拟定题目，选题原则上要求“一人一题”。由多个学生合作完成的项目或协作完成的课题，必须明确每个学生独立完成的工作内容和要求，独立撰写毕业论文并通过论文检测，使每个学生都能达到教学基本要求。

(6)指导性。每个学生的毕业设计都在指导教师指导下完成。一般学校实行“双导师”制，校内指导教师应由学术水平较高且有较丰富实践经验的教师担任，在合作行业企业再聘请工程技术专家担任校外指导教师。学校毕业设计指导委员会对全校毕业设计开题、实施和论文答辩各环节开展监督指导。

二、撰写毕业设计论文的要求

（一）指导思想

在结合行业企业科技创新项目开展选题创新实践的基础上，撰写毕业设计论文，应当遵循按照开题的实施方案，深入研究和探讨农业生产需要解决的现实问题、技术问题，开展科技创新。

（二）撰写原则

毕业设计论文的撰写，必须遵循理论和实际相结合的原则，根据选题的特点选择相适应的科技论文文体，对研究课题做具体分析、严密论证，力求做到观点与材料的统一、内容和形式的统一、科学性与艺术性的统一。

（三）内容要求

毕业设计论文应做到观点正确，见解独到，材料准确、可靠，论证有力，具有学术价值与现实意义。要求结构严谨，文从字顺。

（四）篇幅要求

毕业设计论文的篇幅长短、字数多少，根据学历的不同层次、院校及学科性质的区别，都有相应的篇幅和字数要求。高职高专毕业设计论文为 3 000～5 000 字，职业本科毕业设计论文为 6 000～8 000 字。

（五）格式要求

各学校根据《学位论文编写规则》《学术论文编写规则》《科技报告编写规则》《信息与文献

参考文献著录规则》等国家标准结合学校实际都会发布学校毕业设计论文的写作规范。一般采用 A4 幅面规格排版，内容包括封面、独创性声明和知识产权说明、中英文摘要与关键词、目录、正文、参考文献、附录（可选）、致谢和个人简历（可选）等部分，并对每部分的排版、写作内容提出明确要求。

（六）时间要求

毕业设计论文在答辩前需进行指导教师评阅和校企各一名专家平行评阅并通过。按教育部《高等学校预防与处理学术不端行为方法》（教育部第 40 号令）文件要求，所有毕业设计均需进行文字复制比检测。毕业设计文字复制比在 30％以内，准许申请答辩。所以，毕业学生都要计划好撰写时间，确保在申报答辩规定时间前完成各项准备工作。

三、毕业设计论文撰写的一般程序

（一）预先准备

古人云："凡事预则立"，撰写毕业设计论文同样如此。预先准备，就是说在学校统一安排毕业设计前，起码在毕业之前的一年里，平时在学习中和实际生活中，做有心人，发现有关问题并有所侧重地积累一些有关资料，为撰写毕业设计论文预先做准备。这个预先的自我准备，应该尽量提前，以充裕的时间，做从容的准备，为撰写毕业设计论文打下良好的基础，避免仓促草率。

预先准备的内容，应包括：

（1）基础理论准备。在较宽的范围内，将自己的理论基础打牢固。

（2）方向范围准备。根据本人的实际情况，在专业、学科范围内，大致确定课题的方向和范围，避免盲目性。正确估价自己，考虑自己的有利条件，发挥自己的优势，发展自己的兴趣，确定自己研究的方向。

（3）材料准备。在上述自己大致确定的方向范围内，可以着手搜集材料，这时搜集的范围可以宽泛些。尤其在自我准备期间，时间较为充裕，更应侧重于第一手材料的搜集。如结合顶岗实习专题技术总结报告，利用假期或假日深入社会，到实际生活中去调查研究，发现问题，深入研究思考，获取生动的材料和最新的信息。这绝非在课堂上和书本里所能得到的。

（4）技巧准备。论文的内容无疑是最根本的，但也不应忽视写作的技巧。因此，平时应多阅读一些典范的论文，体会学习写作章法和技巧，学习理论家、专家学者论述问题的思路、角度、论证问题的方式、方法，以及表达的技巧、谋篇布局的方法等。

（5）关注新发展。现代科技以惊人的速度发展着，知识更新周期加快，各学科前沿不断向前推进，前天没有解决的问题，昨天可能已经解决，因此，必须密切注意科学技术上的新进展，关注各学科前沿的新动向。我们的教科书往往难以将实践中的最新发展和最新资料、最新信息纳入其中，而所要研究和探讨的，又往往是现实中出现的新情况、新问题，这些在书本里是难以找到的。这就要求我们时刻关注新的发展，只有这样才不至于使自己的选题和论文有滞后的遗憾。

（6）心理准备。对于初写论文的人来说，有畏难情绪、神秘感，以致不知该从何处下手的情况是可以理解的。写论文并不神秘，我们已有了较深厚的理论功底，有了较丰富的专业知识，平时看了大量的有关论文，只要我们对选题进行深入的研究，只要有自己的独到见解，写一篇优秀的论文应当说是并不困难的。因此，应做好心理准备，平时对论文多加注意，进行分析、体会、借鉴，再掌握一些关于论文撰写的基本知识，就能树立写好论文的信心。知识和能力是建立信心的基础，敢试敢闯的精神是拥有信心的保证。

（二）统一安排

各学校按照专业人才培养方案和毕业设计指导手册，一般都会在最后一学年第一学期组织毕业生毕业设计选题、确定指导教师和开题工作，启动毕业设计实践教学各环节的实施。在毕业设计指导手册中会统一规定毕业设计论文撰写安排，以及关于毕业设计论文的工作规程、毕业设计论文格式要求，其中也有时间进度安排等。

（三）面授辅导

面授辅导，一般由各院系或班级统一组织一次关于如何撰写毕业设计论文的辅导讲座，辅导时间的长短可根据具体情况和学员的要求而定。虽然大家都曾学习过写作的基础知识，而一旦到了亲自撰写时，就会面临很多具体实际问题，如理论怎样结合实际？具体环节如何安排？所以，有针对性地举办毕业设计论文写作辅导讲座是十分必要的。

（四）确定导师

在明确选题后，也就确定了校方毕业设计指导导师，同时院系或学校指导教师会再聘请一名科研单位或行业企业技术专家为兼职指导教师，系统指导毕业生毕业设计开题、实施和毕业论文撰写、答辩等实践教学活动开展。

校方毕业设计指导教师一般应具有中高级职称，承担有科研或技术服务项目。科研单位、行业企业聘请的兼职指导教师应具有本科以上学历，在单位具体承担科研或技术管理工作。

（五）选定题目

毕业生完成选题后，在指导教师指导下，根据毕业设计方案应明确自己毕业论文主题范围，并提前拟定撰写毕业设计论文的参考题目，结合本人实际经反复酝酿，缜密思考，认真筛选，选取本人最有见解、最有价值、最具条件、最可能写得好、论得深透的题目。经导师同意后，将题目确定下来，并上报院系审核批准。题目一经确定，不应随意更改。

（六）拟定论文框架提纲

学生根据已确定的题目和科技论文文体撰写框架提纲，框架提纲应尽可能详尽地体现思路和结构层次安排，并将所定题目和提纲，递交指导导师审阅，然后按导师提出的指导意见进行修改，再请导师审定。直至导师认为不需再修改为止。

撰写的框架提纲，按学校毕业设计论文写作规范要求，合理构建全文框架，详细阐明各部分写作论点、要点，运用的材料、论证方法。论文框架提纲细化到三级以上。

（七）学习导师指定的参考书目

因为导师有的担任着某个领域的课程教学，或科学研究，都是某一方面的专家，对指导专业对口的学生的毕业设计论文是十分有益的。他们所指定的参考书目能为学员指示研究入门的途径，可以少走弯路，事半功倍。

（八）选题研究

确定了题目、拟定了提纲，阅读学习了导师指定的参考书目以后，便进入了选题研究阶段。其主要工作包括：

（1）整理已有资料。将此前积累的信息资料，加以去粗取精、去伪存真、由此及彼、由表及里的分析、研究、鉴别，将可用信息资料归类整理，安排在提纲中合理的部位。

（2）检查审核资料。核查资料的数量和质量，对偏颇缺漏者予以淘汰或记录，以便调换增补。

（3）集中搜集信息资料。对尚欠缺的信息资料集中精力搜集，或深入实际进行调查，务求多掌握第一手资料，力求信息资料的丰富、新颖、翔实、典型。

（4）提炼观点及创见。从所获全部信息资料中，找到彼此间的联系和其中的规律，提炼出自己有创见的观点。

这是一个很重要的环节。对选题研究的深度如何，直接关系到毕业论文的质量和成败。

（九）执笔撰写

执笔撰写，是将研究的成果表达出来，因此，必须集中精力。

起草的方法因人而异。一般来说，主要有两种顺序：一种是按照提纲中所列顺序依次写出，一种是按部分写，即先写全文中几大部分的某一部分，然后再写另一部分。

按照提纲写，但也不要被提纲所束缚，可以有新的创造和突破。写作时精神高度集中、思维活跃，有可能有灵感的火花闪现，这时应及时捕捉，迅速写下，往往会使文章生色，取得很好的效果。行文中如果思路阻滞，可放松一下，参考一下有关文献，广泛联想，或变换思考的角度，或变换表达的方法。

（十）导师审阅

毕业论文初稿完成后，自己应反复推敲，多修改几遍，然后将第一稿送导师审阅。由导师提出的意见，修改之后，再将第二稿送导师审阅，直至导师认可为止。同时按照学校要求进行毕业论文平行审阅和文字复制比检测。

（十一）誊清打印

学生按学校规定的毕业设计论文格式，将毕业设计论文打印装订并上交分院或系部。

毕业设计论文撰写过程中可以使用AI写作工具辅助提高写作效率和质量。

任务实施

任务一

根据毕业设计论文写作特点、要求和一般写作程序，结合已完成的项目五科技论文，以及提供的开题报告模板，撰写一份毕业设计开题报告，总字数不低于3 000字。

任务二

根据毕业设计论文写作特点、要求和一般写作程序，结合已完成的项目五科技论文，以及撰写的开题报告，按照毕业设计论文模板，撰写一份毕业设计论文，总字数不低于5 000字。

毕业设计开题报告模板

×××职业技术大学
毕业论文模板

任务评价标准

1. 开题报告

(1)开题报告内容充分，选题的目的意义、与本课题有关的国内外应用情况及发展趋势、课题主要内容、参考文献等描述详细(40%)；

(2)选题研究进度设计科学合理(30%)；

(3)选题研究条件能够支持预期研究成果(30%)。

2. 毕业设计论文

(1)选题内容符合本专业的培养目标，具有一定的实际应用价值(10%)；

(2)工作量和难易程度符合本专业教学基本要求(10%)；

(3)专业基本理论扎实，具有良好的实践能力，能应用所学的专业基本理论和技能，独立分析和解决实际问题的能力，完成了毕业设计任务书规定的任务，所得成果和结论具有应用或参考价值(30%)；

(4)毕业设计论文质量(40%)；

(5)在设计思想、设计方法、设计方案以及工艺实现等方面有独到的见解，对前人工作有改进或突破(10%)。

知识训练

一、思考题

思考题参考答案

1. 毕业设计论文的选题需满足哪些基本要求？请结合职业教育特点分析其与传统学术论文选题的区别。

2. 毕业设计论文撰写前的“预先准备”包含哪些内容？为何要特别强调材料准备中的“第一手资料”？

3. AI写作工具在毕业设计论文撰写中可能发挥哪些作用？使用时需注意哪些伦理规范？

二、填空题

1. 职业本科毕业设计论文的篇幅要求一般为________字。

2. 毕业设计论文需通过__________检测且复制比不超过________%方可申请答辩。

3. 选题的“双导师制”指校内导师和____________导师共同指导。

4. 职业教育毕业设计论文的文体可包括__________、__________、____________(任答 3 种)。

填空题参考答案

任务 2

毕业设计论文答辩技巧

学习任务描述

在完成毕业设计论文撰写并通过评审、审阅和文字复制比检测，毕业生获得答辩资格后，应及时做好毕业论文答辩的各项准备工作，并按答辩工作安排接受答辩。本任务重点训练答辩报告准备，并模拟训练答辩技巧。

相关知识

毕业设计论文答辩是毕业设计实践教学中的重要环节，是毕业生全面总结、鉴定自己学业成绩的重要机会，是学校保证毕业设计论文质量的一项重要措施，也是防止拼凑、抄袭和让人代笔等作弊现象出现的重要手段。因此，对毕业设计论文的答辩工作，各学校都有比较严格的规定。

对毕业生来讲，完成并通过了毕业设计论文的审核，毕业论文答辩是毕业生十分关心的环节，因此了解一下有关毕业论文答辩的程序、评价方法，以及相关要求和注意事项，是很有必要的。

一、毕业设计论文答辩的一般规定

学校按照规定成立毕业论文答辩委员会负责毕业答辩质量评价工作。各院系负责审核毕业生毕业答辩资格，并具体组织毕业答辩工作。原则上毕业生须现场答辩，确实因病重或有特殊任务而不能参加答辩者，须经医院主治医生和所在单位开具证明，并由校方审核批准，事后补答。

二、毕业设计论文答辩的资格审核

答辩前各院系须对学生进行答辩资格审查。凡有以下情况之一的学生，可取消毕业论文答辩资格。

（1）毕业设计工作量达不到任务书规定的。

（2）毕业论文答辩前答辩资料不完整的。

（3）在毕业设计期间严重违反校规校纪的。

（4）毕业论文平行审阅和文字复制比检测未通过的。

（5）完成毕业设计期间，请假时间超过规定时间的。

（6）指导教师认为不具有答辩资格的。

三、答辩委员会的组成

答辩委员会由各院系根据答辩工作需要组织，答辩委员会人员不少于 8 人。其中，副高职以上人员不少于 5 人，企业人员不少于 3 人。

在答辩委员会下按专业和学科门类分别设立若干答辩小组，每个答辩小组成员一般不少于 6 人（含秘书 1 人），其中应有企业评委 2 人。毕业设计答辩采用“回避制”，指导教师不参加对自己指导学生的答辩工作。

答辩委员会负责对年度毕业答辩工作进行指导监督和争议仲裁。

答辩小组按规定和工作程序具体负责毕业答辩工作，具体是：

（1）按毕业论文成绩评价标准，评定毕业论文成绩。

（2）举行毕业论文答辩，评定是否通过。

（3）坚持公正原则，从严掌握论文成绩太差的，不应降低标准，不能勉强通过，应保证论文质量。

（4）必须对优秀和不及格的论文写明具体理由，良好和及格两档应写简要评语，由答辩委员会集中写出意见，并签署姓名。

四、答辩前的准备

1. 组织安排

由各院系教学管理部门统一安排，组成若干个答辩小组，并将每个答辩小组的成员、日程安排及所负责的毕业生名单打印、分发。

2. 答辩委员评阅论文

答辩委员将递交来的毕业设计论文，按照日程安排的顺序，逐篇阅评并从中发现问题，并随时做些记录，同时拟定准备在答辩时提出的问题。

3. 毕业生的答辩准备

毕业生的答辩准备，在内容上应广泛一些，应将答辩委员们有可能问及的问题都做好充分的准备。一般应准备的内容有以下几个方面；

（1）为什么要选择这一课题？该课题的学术价值、理论意义和现实意义是什么？

（2）该课题在国内外研究的现状如何？曾有哪些人做过哪些研究？他们的研究成果及主要观点是什么？

（3）本人在该课题的研究中有何新发展？提出和解决了什么问题？其意义何在？

(4)论文的基本观点,立论的主要根据以及论证的思路是什么?

(5)重要引文、版本及出处。

(6)论文中有哪些应该涉及或解决的问题,但因力所不及而未能涉及?

(7)有哪些问题在论文中未涉及或涉及很少,但在研究中自己已有一定见解,因与论文的中心关联不大而未写入?

(8)对论文中的创见和某些关键环节的论证方式、论证过程,如何作口头的阐释与说明?

(9)课题中还有哪些尚待解决的问题及对该课题研究前景的展望。

(10)充分准备好答辩中的第一道程序,即怎样简要地概括介绍撰写该论文的意图、主要论点和论据。这第一道程序若十分顺利,就会起到稳定心理的作用,就为以下的答辩奠定良好的基础。

毕业生也可以通过 AI 工具,从不同角度提出分析并生成论文答辩专家提问问题的指令,可以提前重点准备可能提问的应答。

五、答辩的一般要求

(1)答辩公开举行,并由答辩小组秘书做详细记录。

(2)答辩前,各院系应将答辩流程以及基本情况告诉学生,让学生熟悉相关程序,并使学生掌握一定的答辩方法。

(3)所有学生均需按时到达答辩现场,不参与答辩的学生可以参加旁听。答辩现场必须保持良好的秩序。

(4)答辩者应该着装得体、大方整洁,答辩过程中思绪清楚,语言流畅,态度谦虚诚恳、彬彬有礼。

(5)毕业答辩时间一般为 20~30 分钟,分为学生陈述和评委提问。

(6)答辩前,指导教师必须将毕业设计指导与评阅书上的审阅意见写好。

六、答辩的程序

(1)答辩委员会主任召开会议,宣布答辩委员会委员名单、答辩分组情况、答辩流程及注意事项。

(2)各答辩小组组长组织现场答辩,并宣布答辩开始。

(3)答辩小组秘书介绍答辩者资格审查情况。

(4)答辩人报告毕业论文的主要内容。

①自我介绍。答辩人用简短语言精练明了地介绍自己的姓名、专业、班级。

②简述课题。答辩人简述选题的背景和意义、关键所在、解决问题的方法和路径。

③成果总结。答辩人简述课题的应用价值、创新点、现实意义以及收获体会。

(5)答辩人回答问题。

①答辩前 5 分钟,告诉答辩人必答题。必答题为答辩小组在答辩之前针对答辩内容所提,数量为 2~3 个。答辩人回答给定的必答题,不能回避。

②答辩人回答答辩小组老师的现场提问,数量为 3~5 个。

③答辩人回答的时间一般控制在 15 分钟左右。

七、答辩时应注意的问题

毕业答辩过程作为专业人才培养质量——毕业生职业综合能力水平评价诊断的重要环

节，借助答辩环节对毕业生职业思维、职业行为、企业管理文化、职业生涯规划、知识理论水平、新技术综合应用、生产实践经验等能力进行评价。答辩时要特别注意以下几个方面：

(1)切忌念 PPT 和超时。答辩人报告时要用自己的语言自信地说明毕业论文主要内容和成果，切忌直接念 PPT 的大纲文字。答辩前答辩人要反复训练答辩陈述环节，确保答辩汇报不超时，充分体现严谨的态度。

(2)充分展现职业的仪表和行为。答辩前做好充分准备，有必要时可以着职业装，或者着正装参加答辩，不得随意着装。答辩时需展现职业修养，举止端庄，充分体现职业修养。

(3)充分展示学识能力。毕业论文答辩，是为取得相应的毕业资格和学位的一次庄严而有意义的考核，是对毕业生高校专业学习取得综合职业能力和学习研究成果的最后一次审查。因为经过了较长时间的撰写、反复修改、深入研究，理应对毕业设计论文所涉及的问题已相当了解，并有了一定深度的研究，应当胸有成竹。所以，无须紧张，精神应适度放松。答辩时要从容镇定展示自身学识水平，避免慌乱。

(4)充分展示端正的学风。参加答辩时，一般应携带论文的底稿和主要资料，以备临时查阅。有特别规定的，应按规定准备。必须携带笔记本和笔，供记录答辩委员们提出的问题与批评意见之用。要聚精会神地听取答辩委员们所提出的问题，如果对所提问题没有理解清楚，切不可贸然回答，可以请提问的答辩委员再将问题复述一遍，或者把自己对问题的理解先表述一下，请问是不是这个意思，在得到肯定的答复后，再作回答。回答答辩委员的提问，要充满信心以流畅的语言、肯定的语气来回答。切忌支支吾吾，模棱两可，缺乏自信和吞吞吐吐。

(5)充分展示谦虚谨慎、实事求是的精神。对答辩委员提出的疑问，要审慎回答。有把握的，可以申明理由进行答辩，没有把握的，不可辩解，可以直接声明没有研究，对提出的问题不清楚。因为提问者对这个问题可能有过多年深入地研究，他是有根据地提出这个疑问的。遇到这种情况，应当实事求是地虚心地表示在这段研究过程里还没有搞清楚，今后一定认真研究这个问题。

(6)充分展现文明礼貌。在答辩结束时，无论答辩委员提出什么意见，无论自己答辩情况如何，都应从容地、有礼貌地退场。

论文答辩结束之后，毕业生应认真梳理答辩委员提出的意见，总结这次论文写作的经验教训，肯定自己在毕业设计上所取得的成果和经验；对存在的问题，可作为今后工作时的借鉴。

毕业设计论文撰写与答辩，是各类高等院校毕业生必须经历的一次实战演练，是对所学理论和专业知识一次具体运用的重要实践，是将知识转化为能力的一次系统训练。同时也是走向人生新阶段的一座纪念碑，它将使每一个人终生难忘、终身受益。大家在几年的高校学习中，已经打下了坚实的理论基础和专业知识基础，若再对论文撰写的基础知识多些了解，加上有导师的精心指导，只要认真对待，善于思考，深入研究，就一定能写出高质量的毕业设计论文，取得圆满成功！

任务实施

任务一

根据任务 1 撰写的毕业设计论文，按答辩汇报的要求准备一份 10 分钟的论文内容报告

PPT(一般 25 张左右)。

任务二

以 6 人一小组,轮流报告,其他同学作为评审专家模拟开展论文答辩环节。答辩提问可以提前通过 AI 工具分析论文获取。

任务评价标准

1. 答辩 PPT

(1)论文报告内容提纲清晰、全面(40%);

(2)PPT 版面设计美观,衬托汇报主题(30%);

(3)PPT 页数与汇报时间要求相匹配(30%)。

2. 模拟答辩

(1)论文报告过程沉着自信、内容表述熟练、时间把控精准(±30 秒)(40%);

(2)回答提问沉着冷静(20%);

(3)回答提问基本准确,态度诚恳(30%);

(4)个人着装仪态自然大方(10%)。

知识训练

一、思考题

1. 答辩委员会组成中的“企业评委”和“回避制”分别有何意义?结合职业教育特点分析其必要性。

2. 答辩时“必答题”与“现场提问”的设计目的有何不同?毕业生应如何做好针对性准备?

3. AI 工具可辅助哪些答辩环节?使用时需遵循哪些伦理边界?举例说明。

思考题参考答案

二、填空题

1. 答辩人需要报告毕业论文的____________、____________、____________等内容。

2. 答辩人答辩时需注意____________、____________、____________、____________、____________、____________等问题。

3. 一般在____________、____________、____________、____________、____________、____________等情况下,可能取消毕业论文答辩资格。

填空题参考答案

参考文献

[1] 白选杰,李友军. 农业科技文章写作[M]. 北京:中国农业科学技术出版社,1992.

[2] 王梦宇,宫麟丰. 农业科技实用写作[M]. 北京:化学工业出版社,2009.

[3] 崔桂友. 科技论文写作与论文答辩(食品类专业适用)[M]. 北京:中国轻工业出版社,2015.

[4] 郭倩玲. 科技论文写作[M].2版. 北京:化学工业出版社,2016.

[5] 梁福军. 科技论文规范写作与编辑[M].3版. 北京:清华大学出版社,2017.

[6] 王海波. 农业科技文章写作[M].2版. 北京:中国农业大学出版社,2018.

[7] 吴奇峰,陈兵,侯东生,等. 乌兹别克斯坦棉花生产考察报告[J]. 新疆农垦科技,2021,2021(2),59-62.

[8] 刘锡庆. 基础写作学[M]. 北京:人民教育出版社,2007.

[9] 张寿康. 文章学概论[M]. 山东:山东教育出版社,1983.